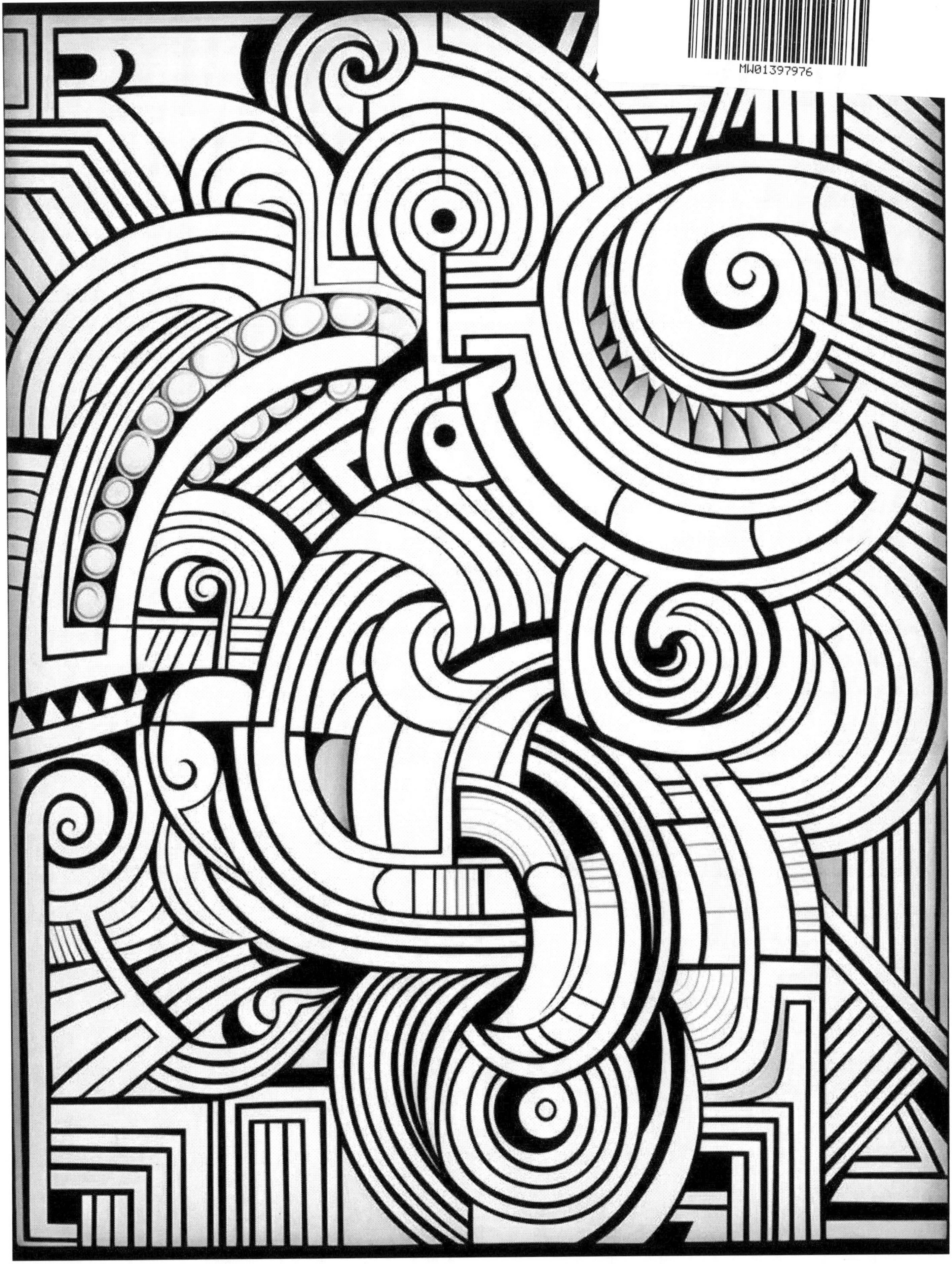

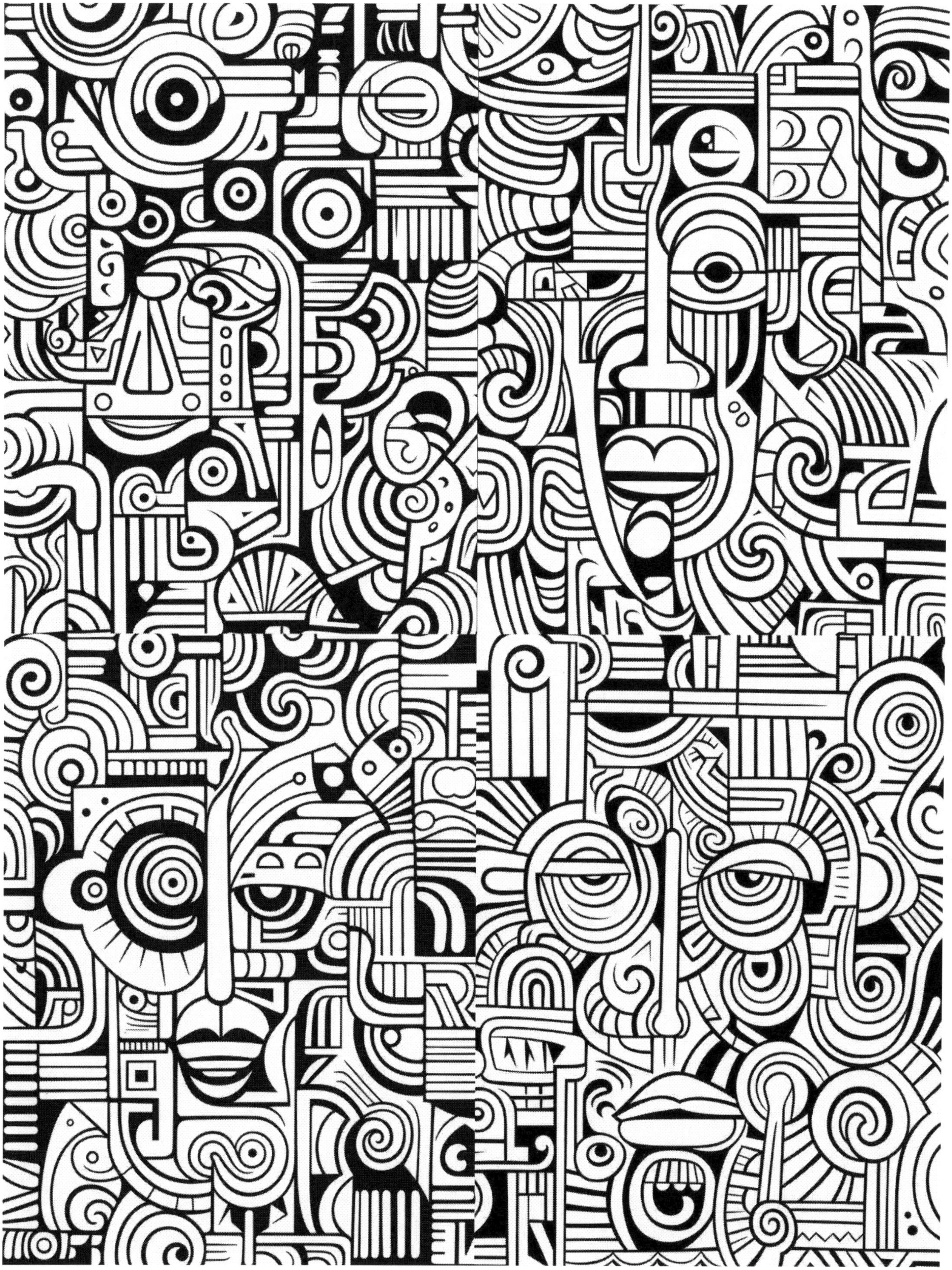

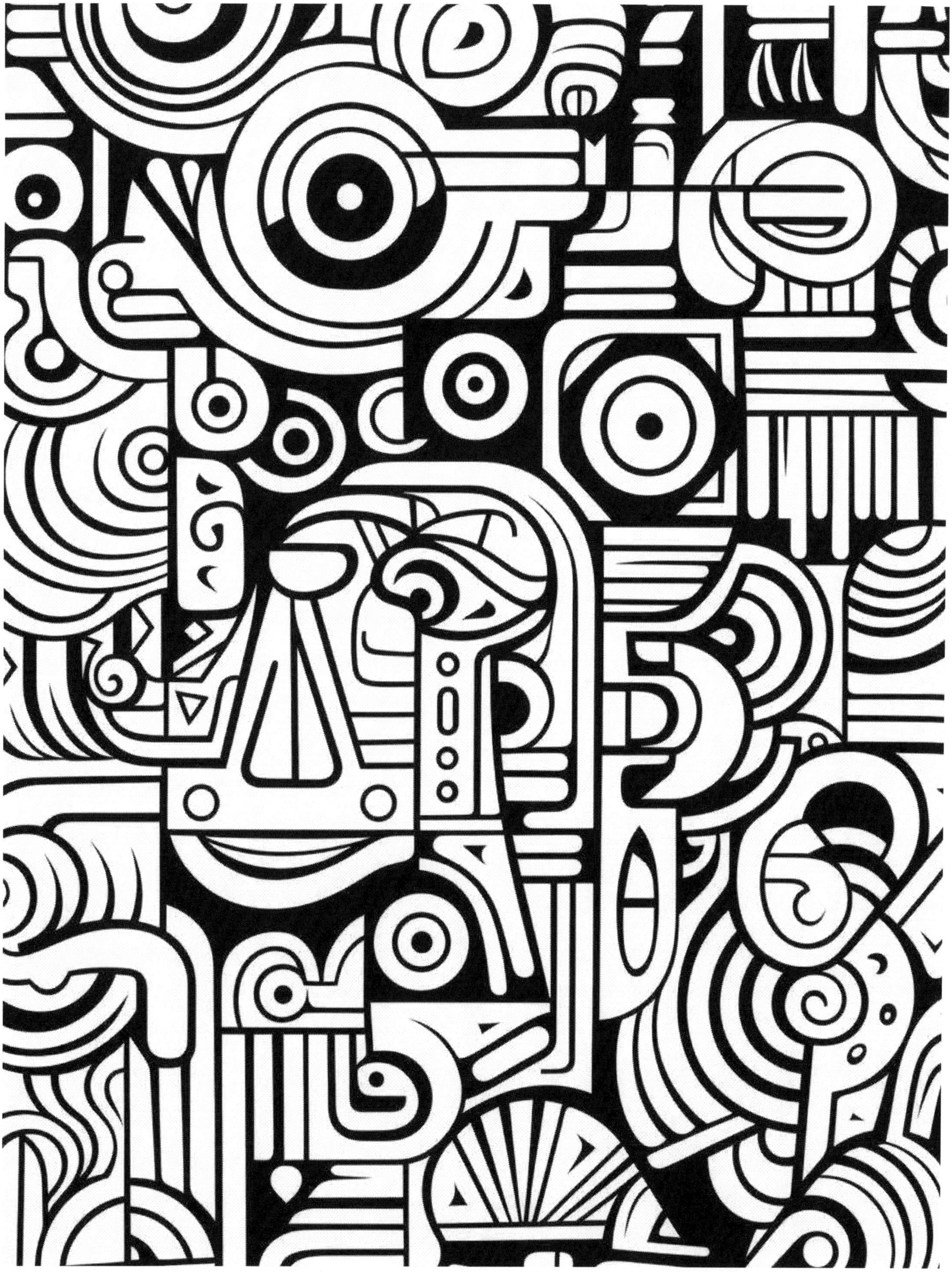

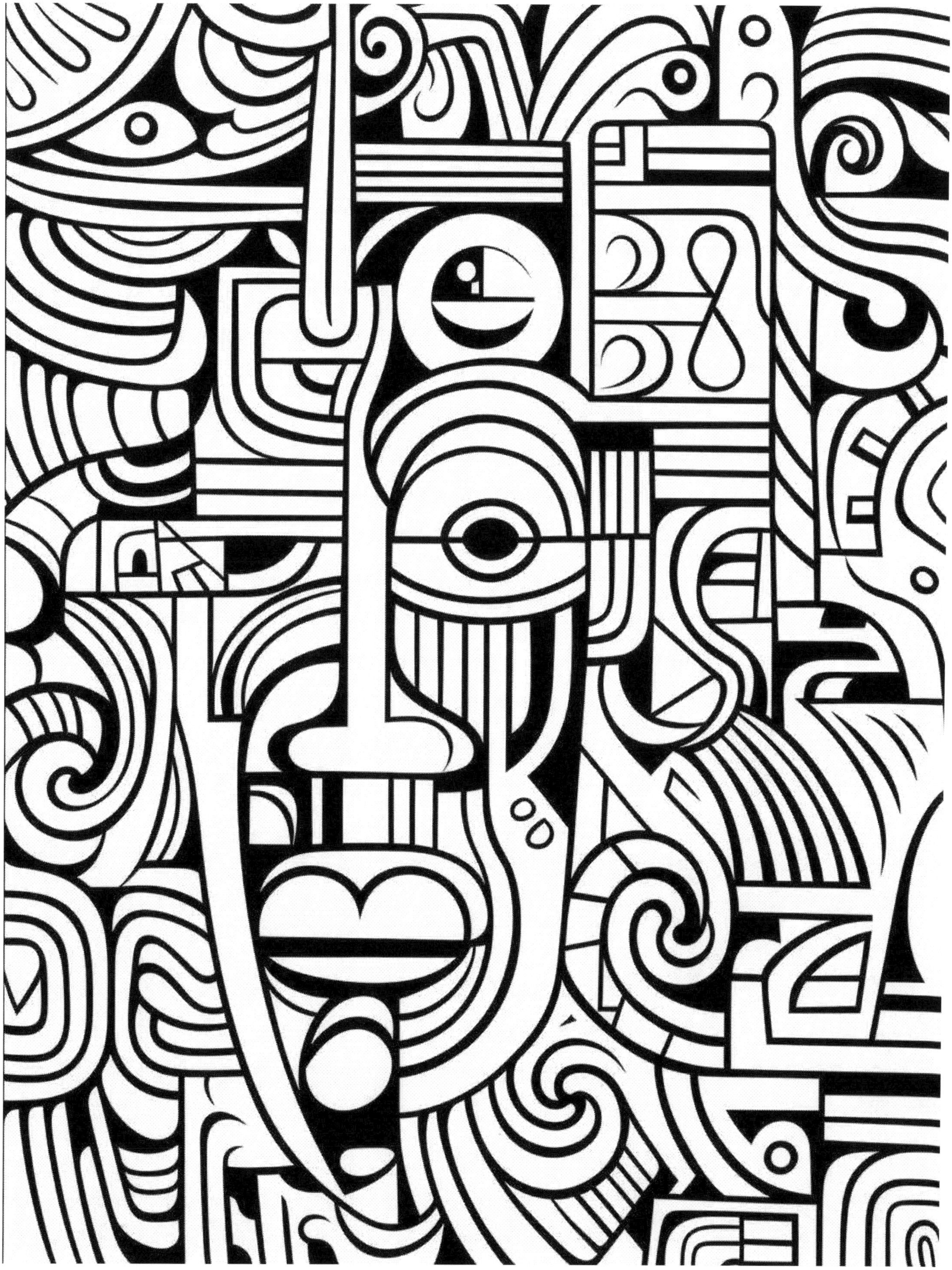

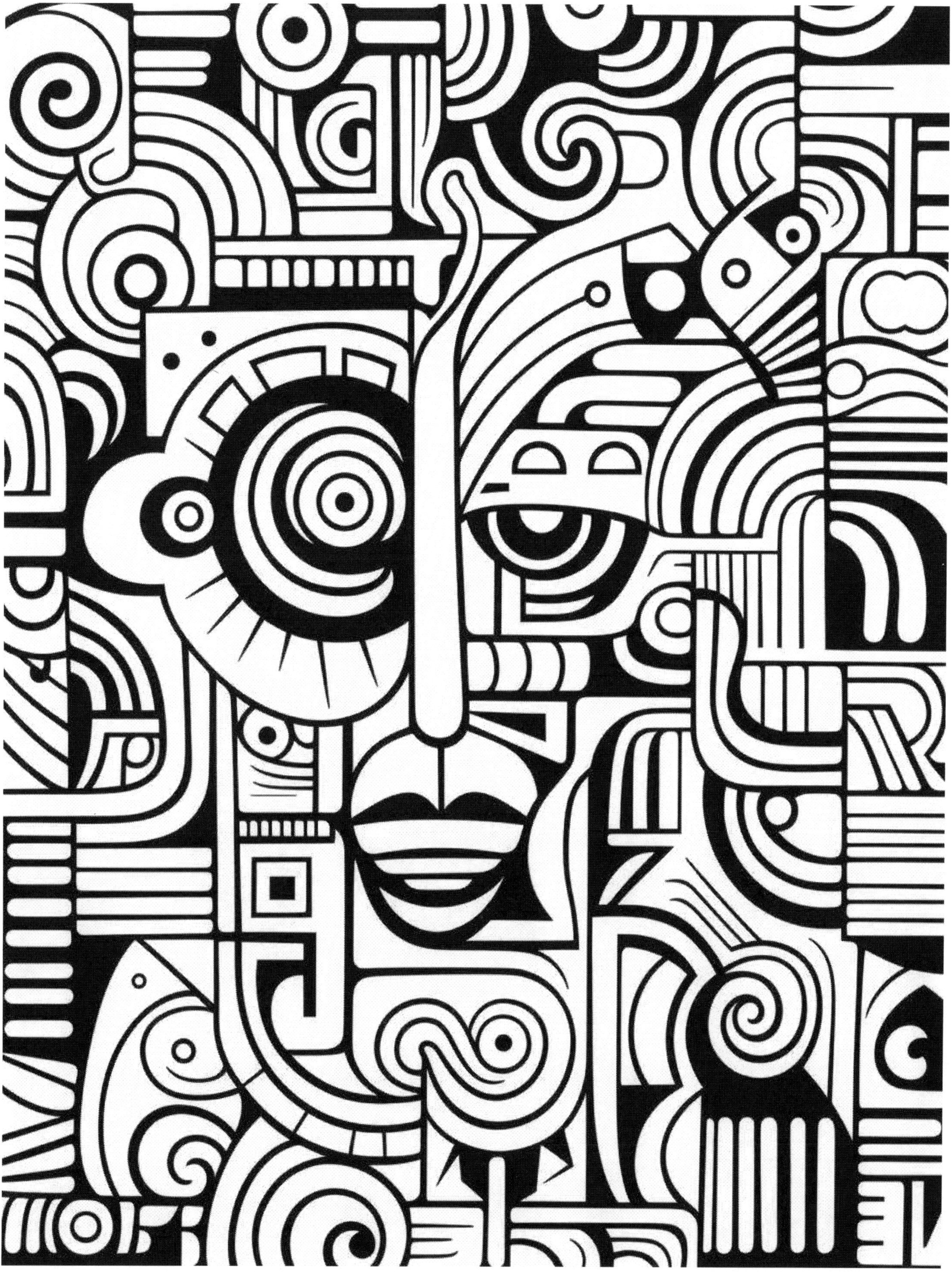

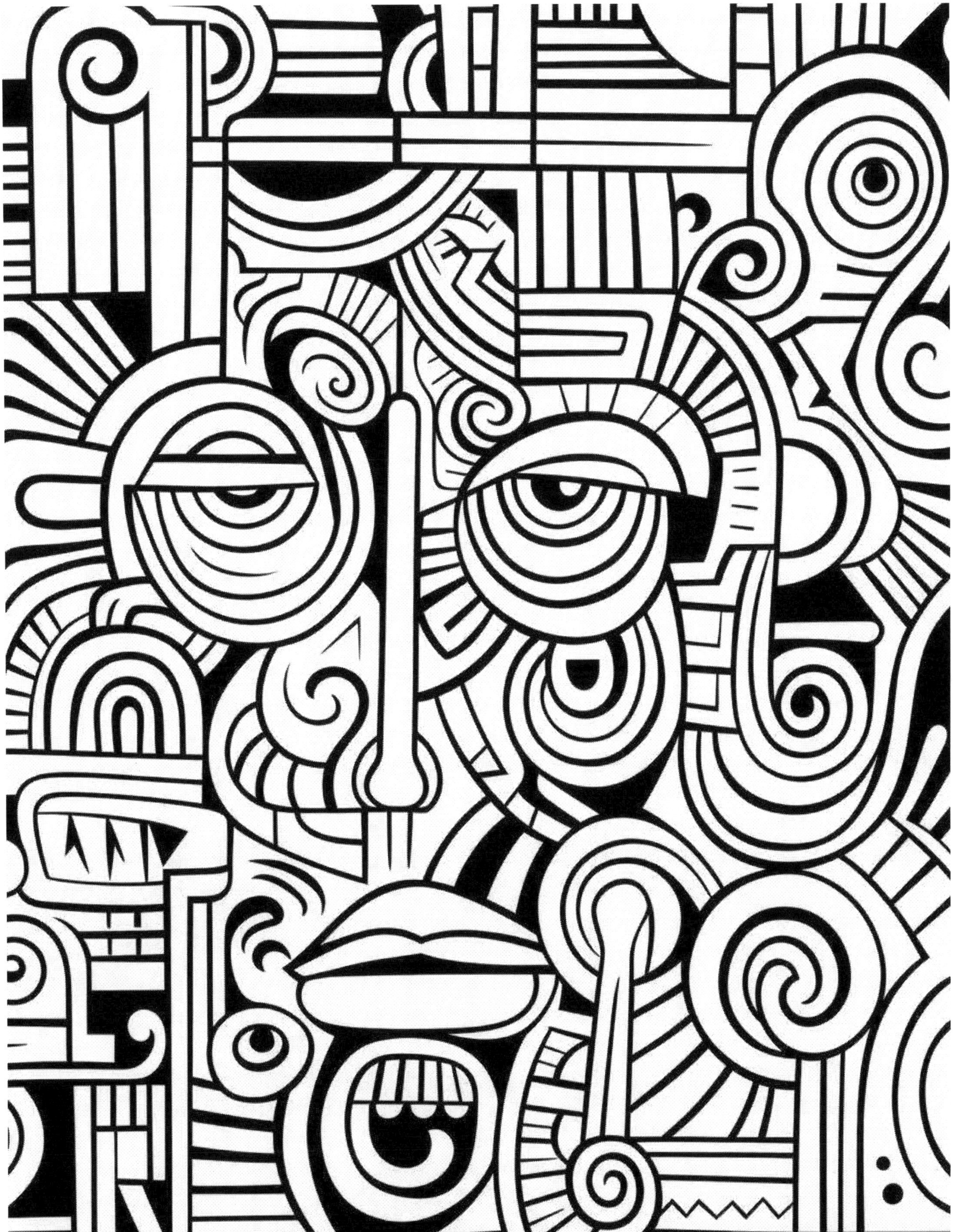

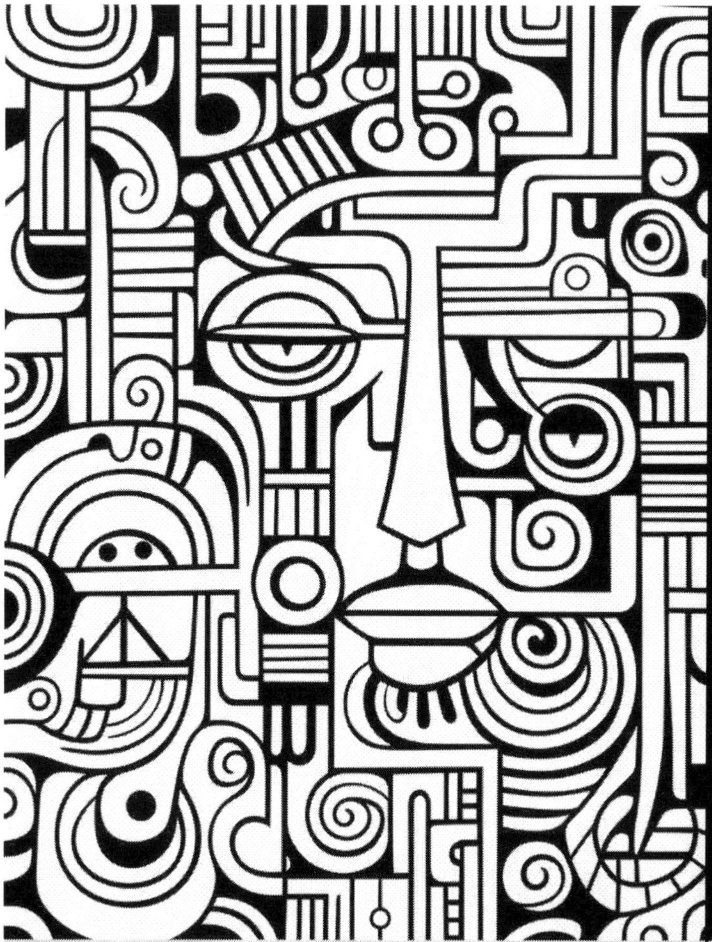
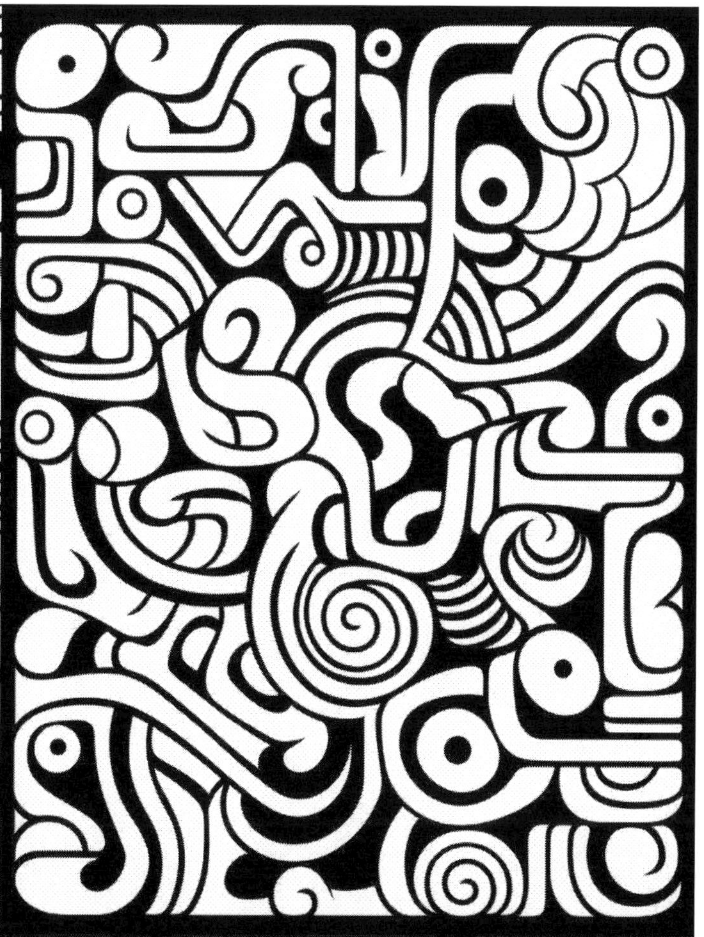
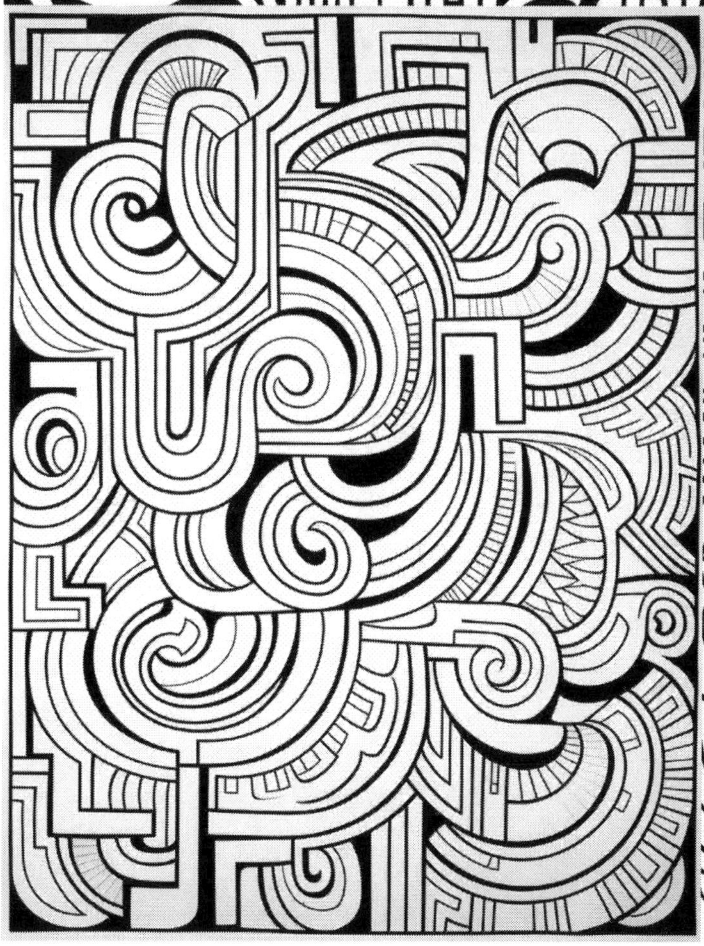
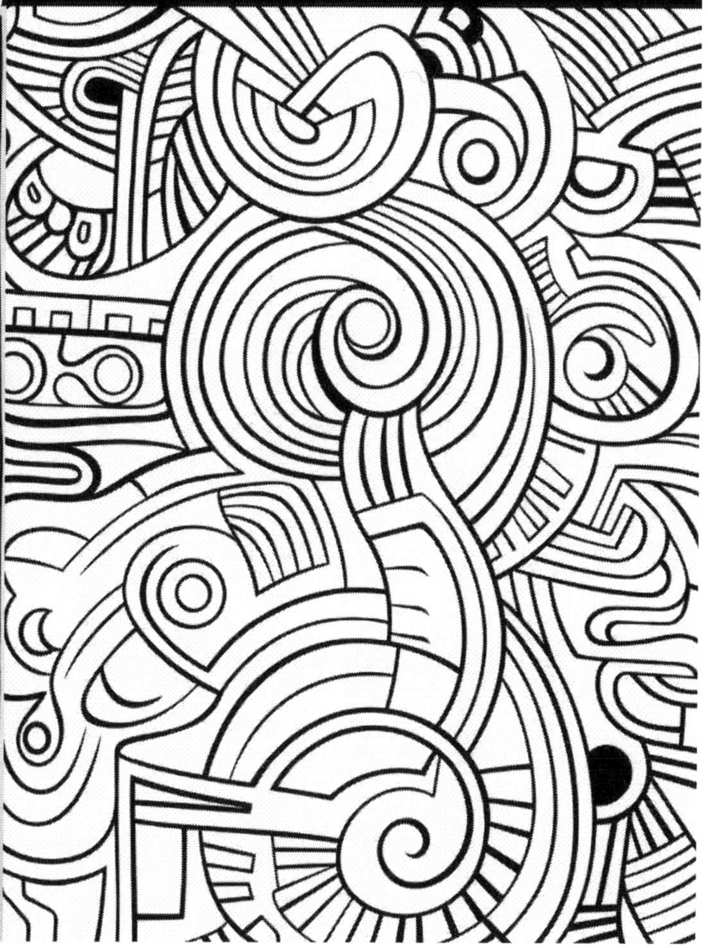

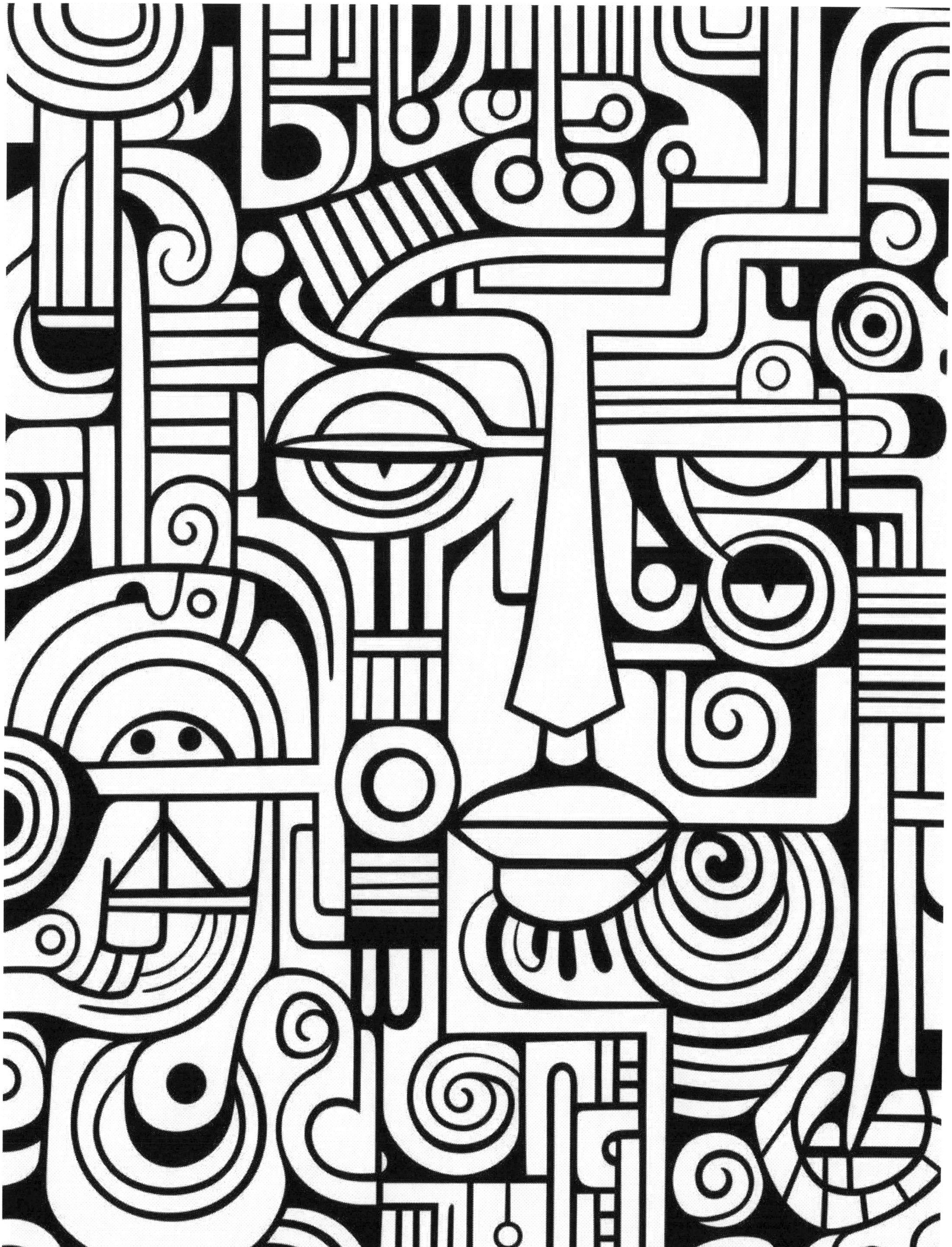

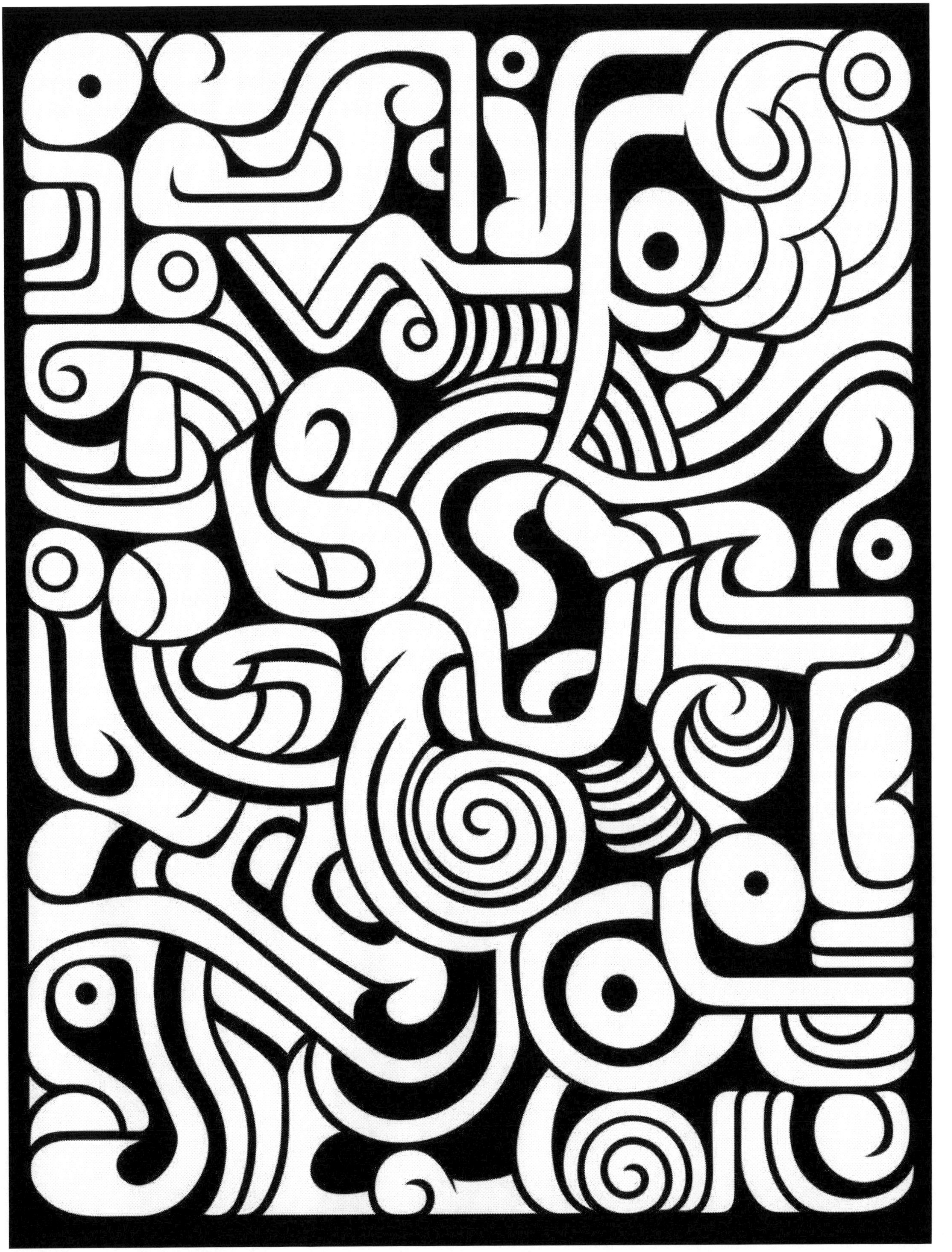

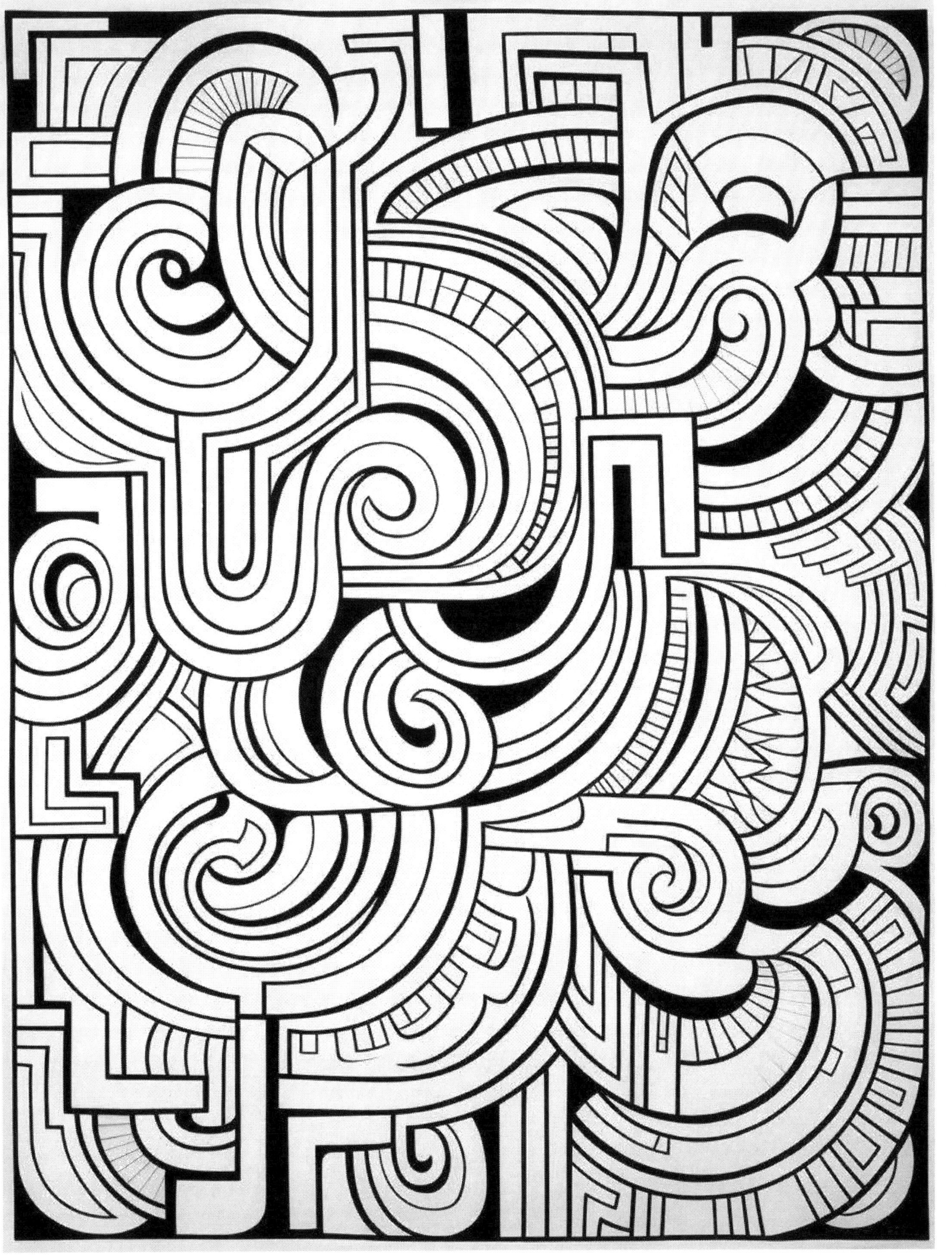

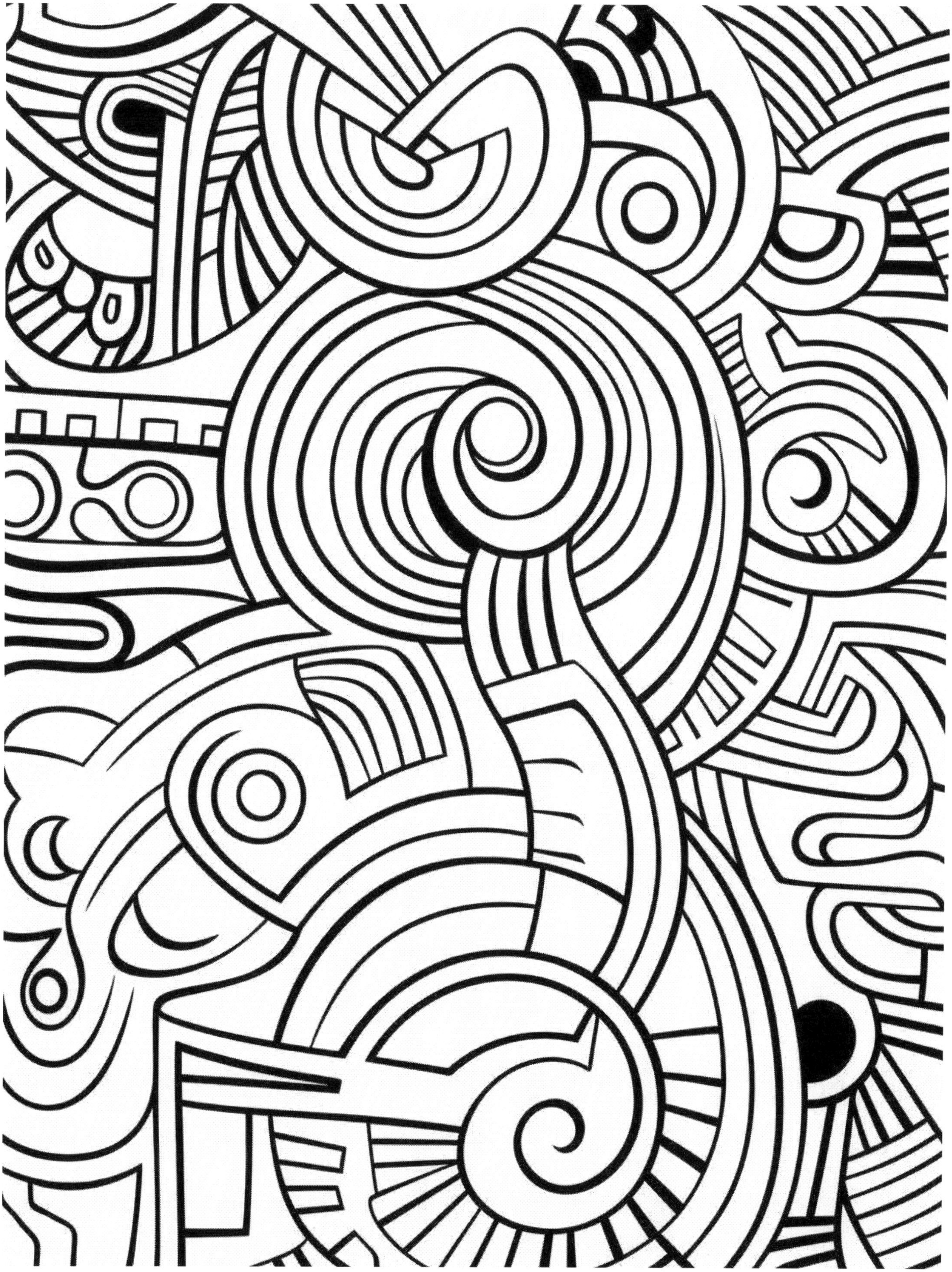

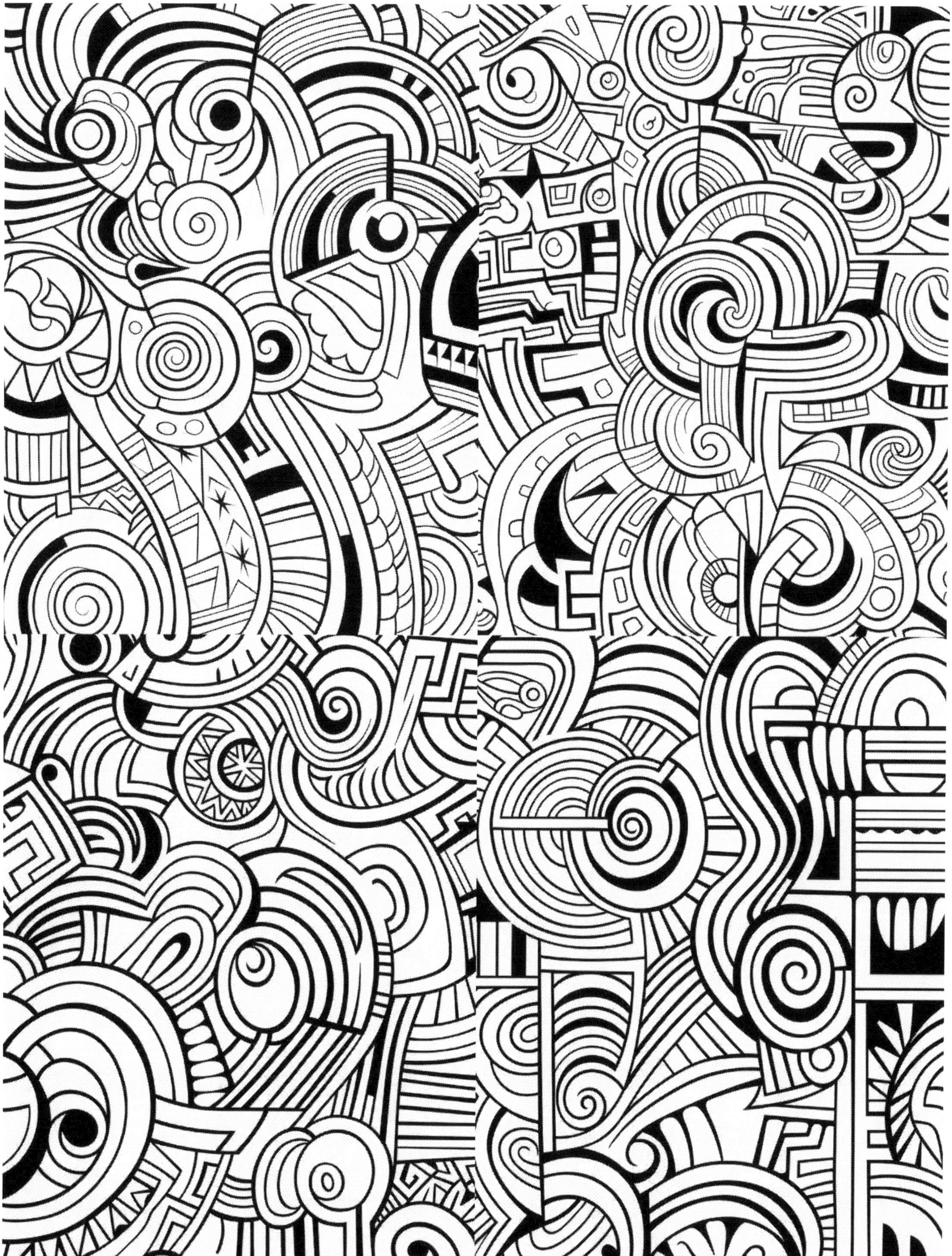

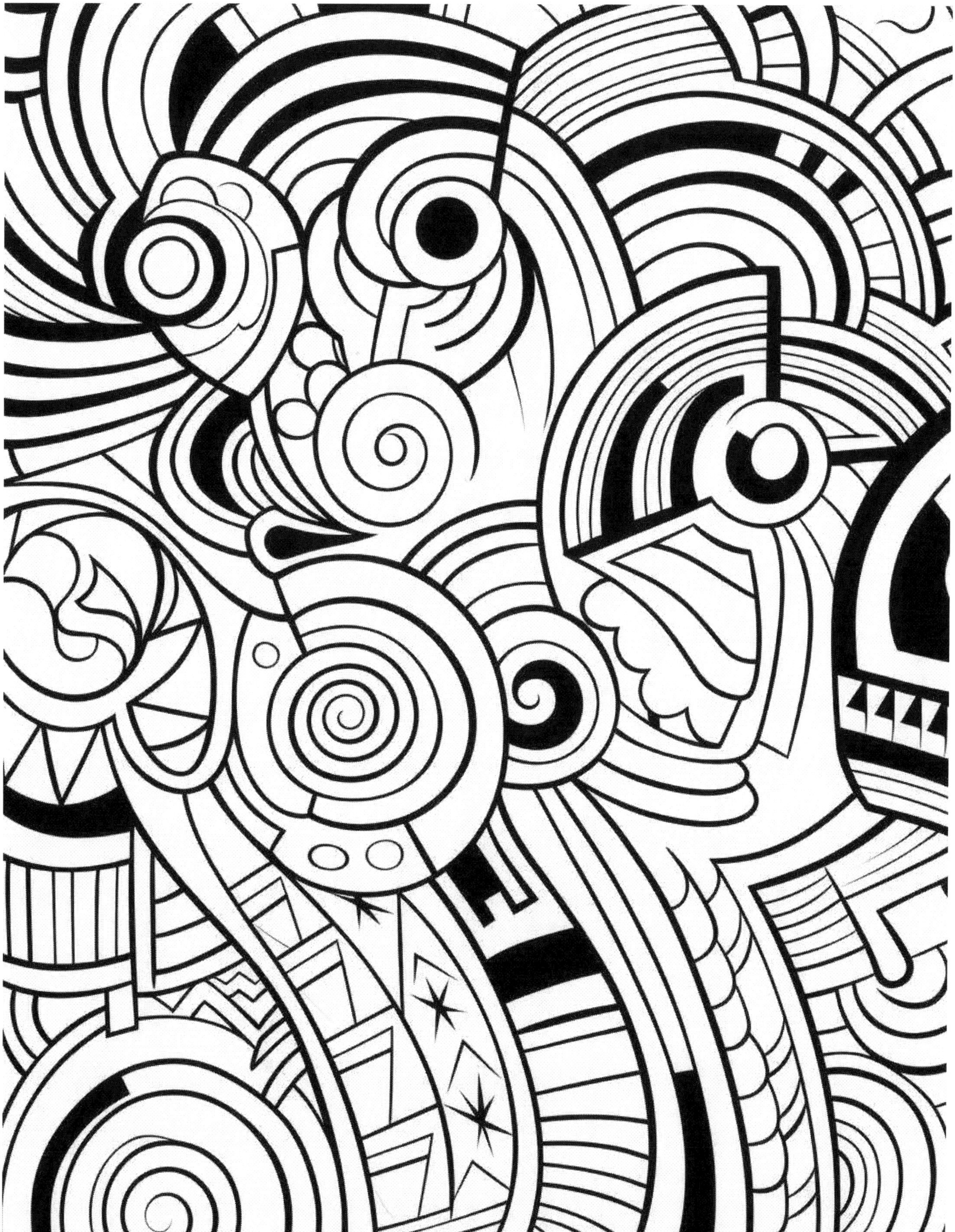

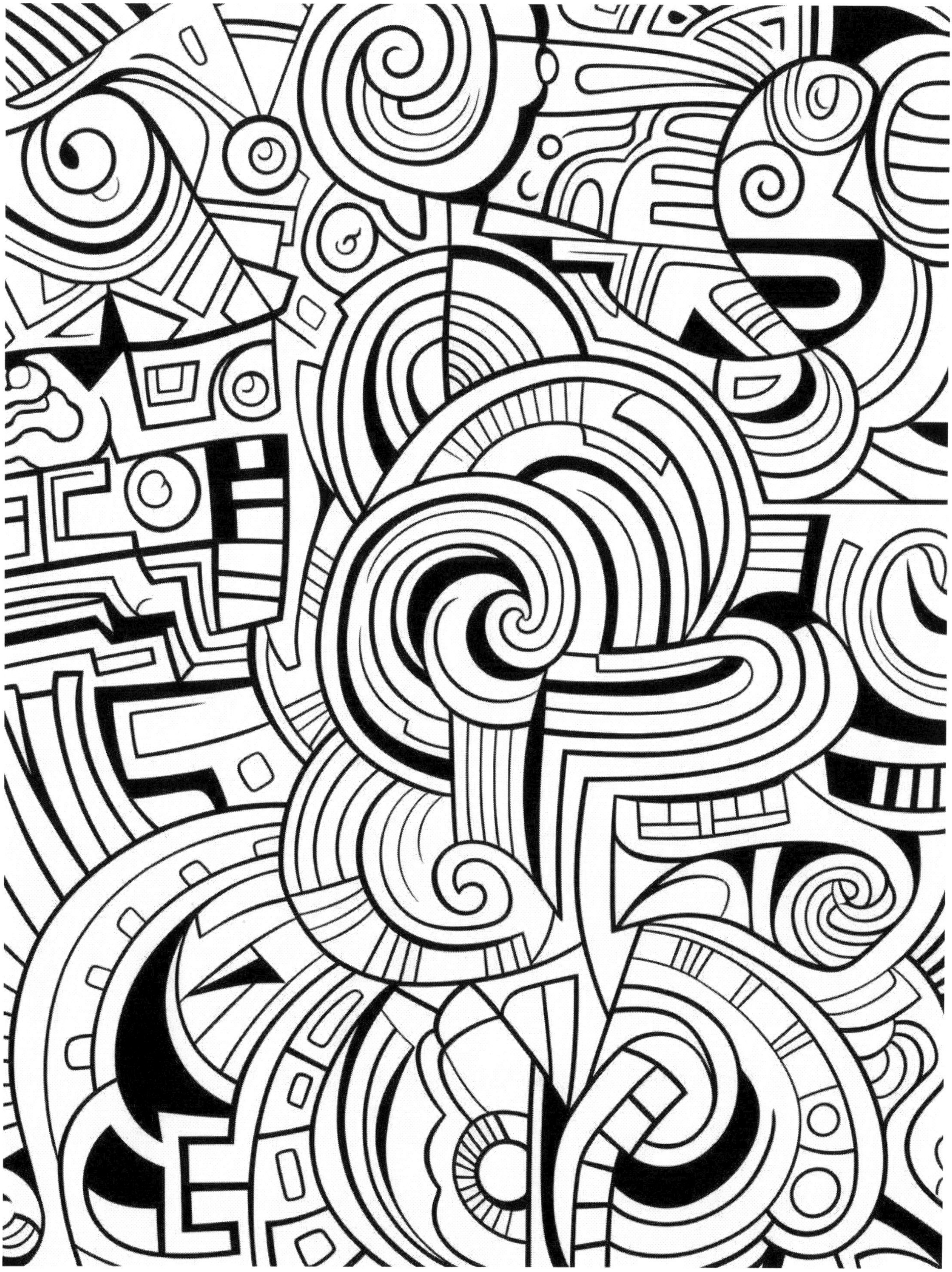

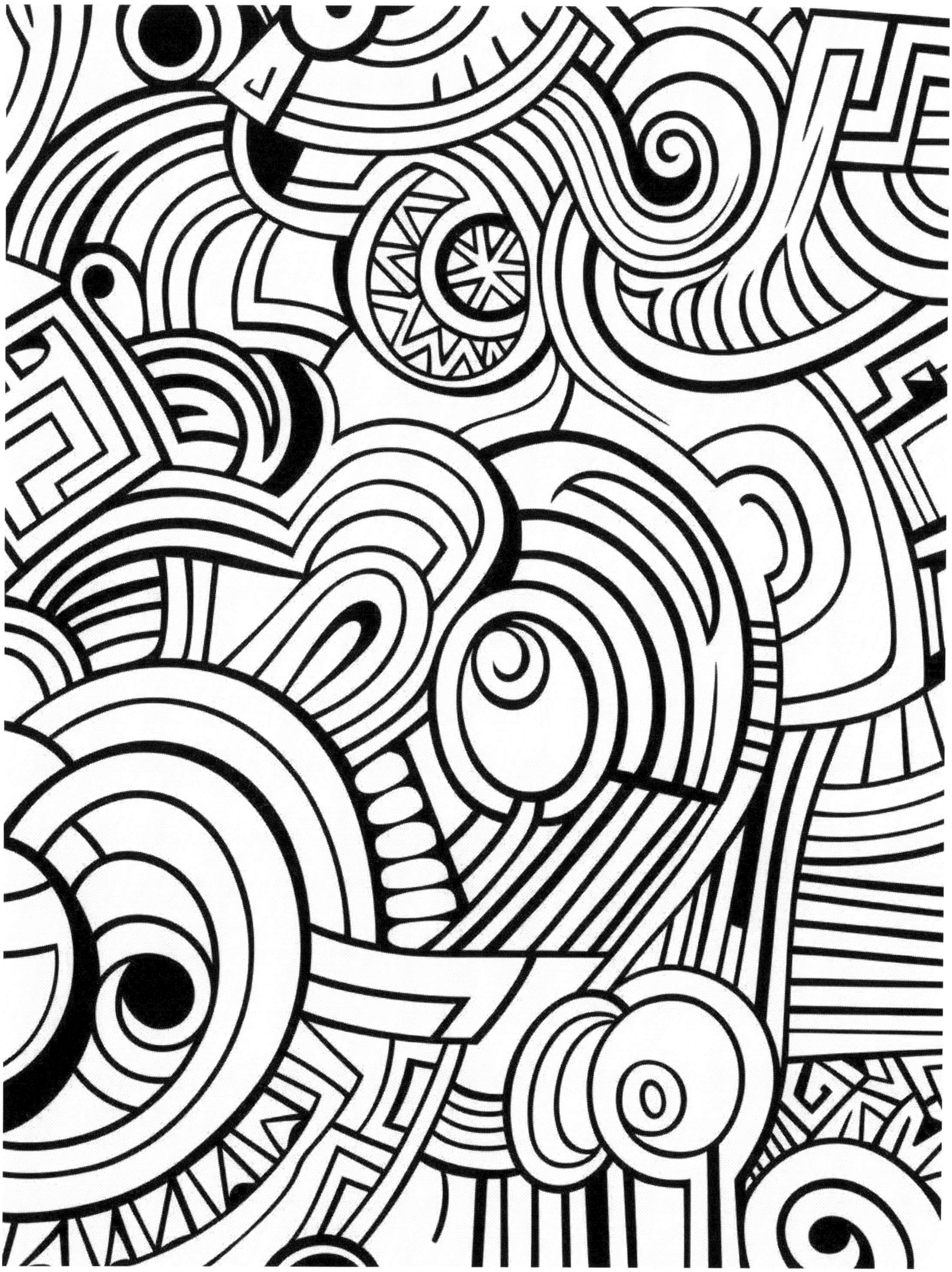

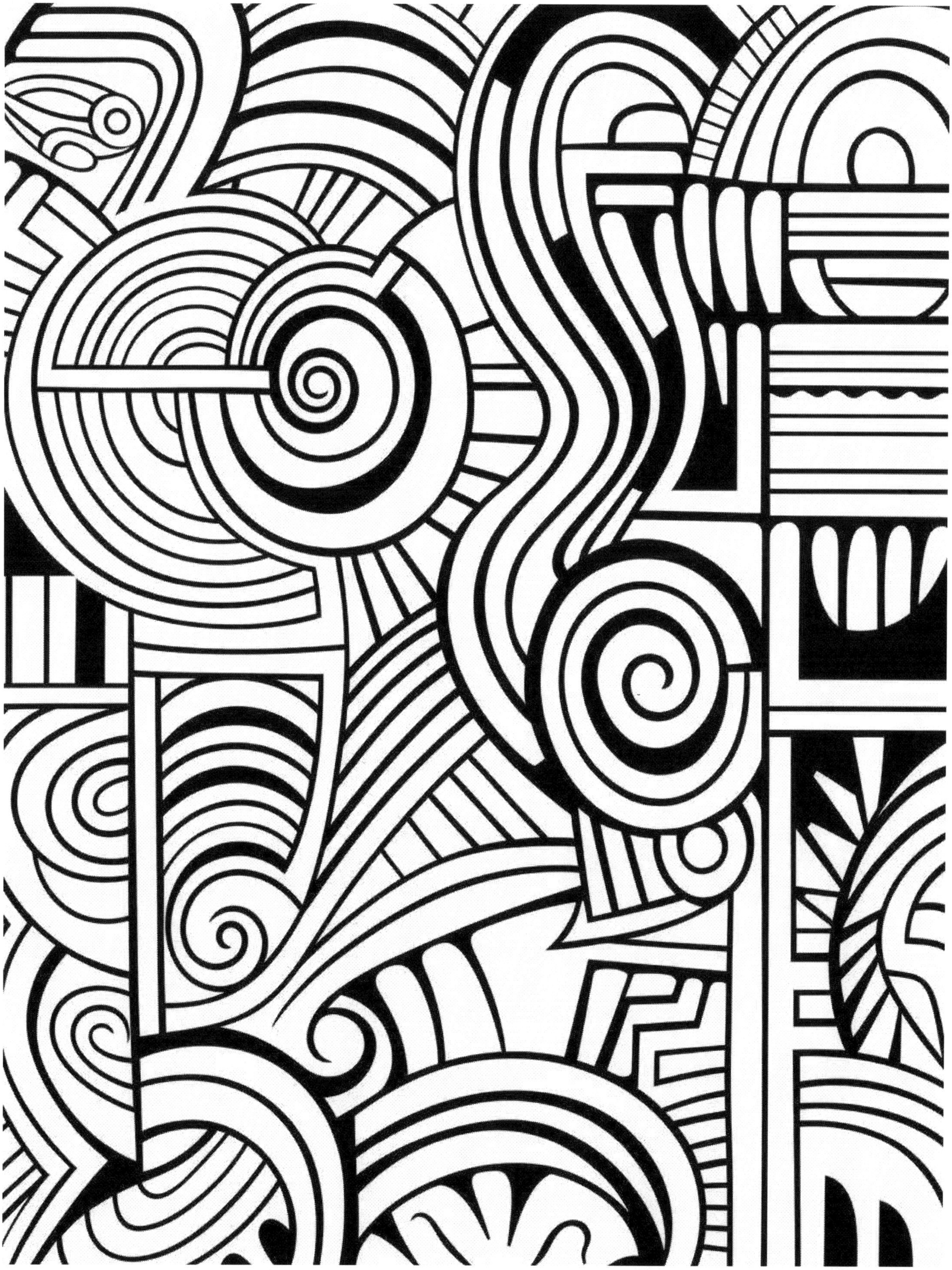

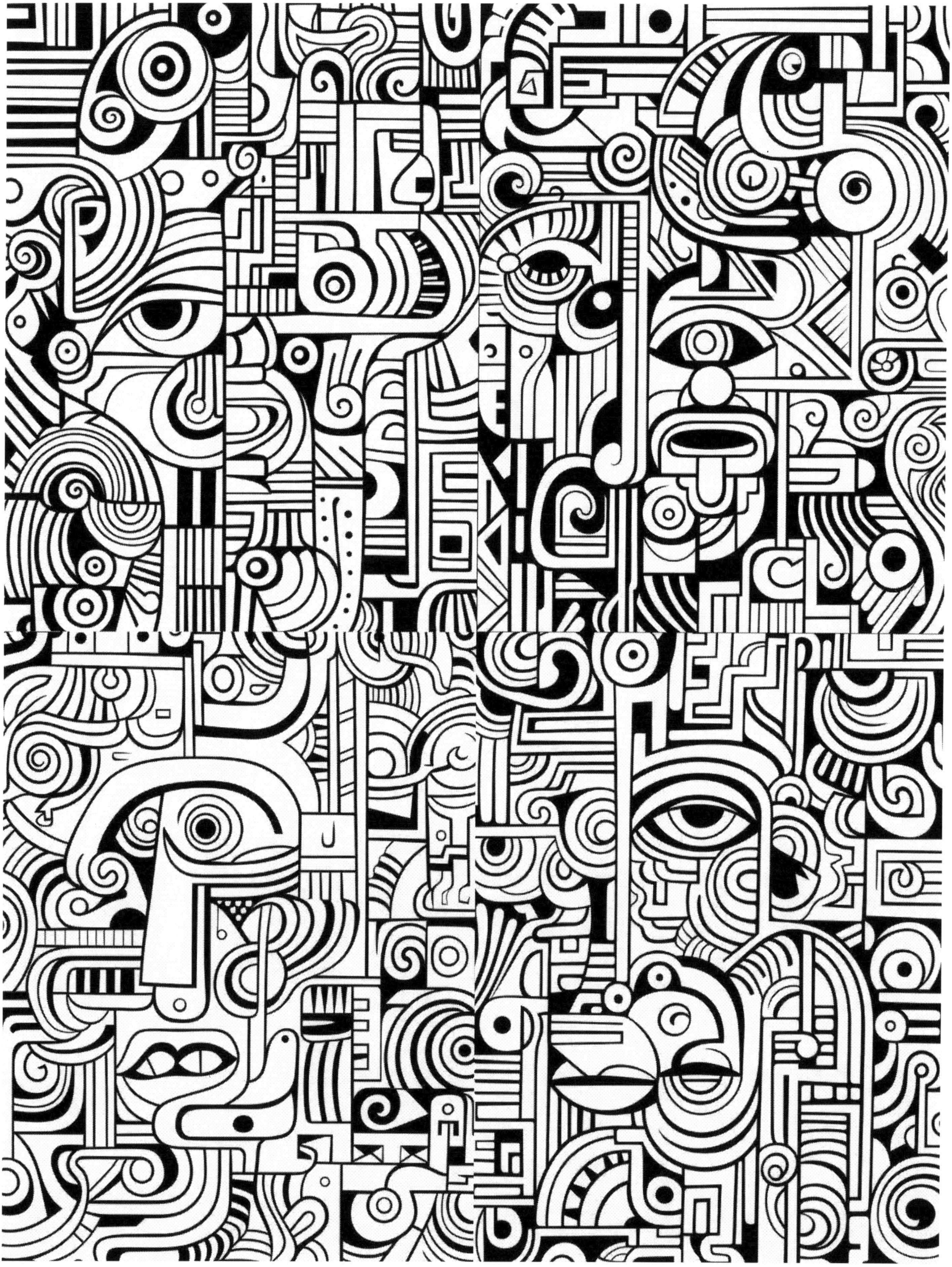

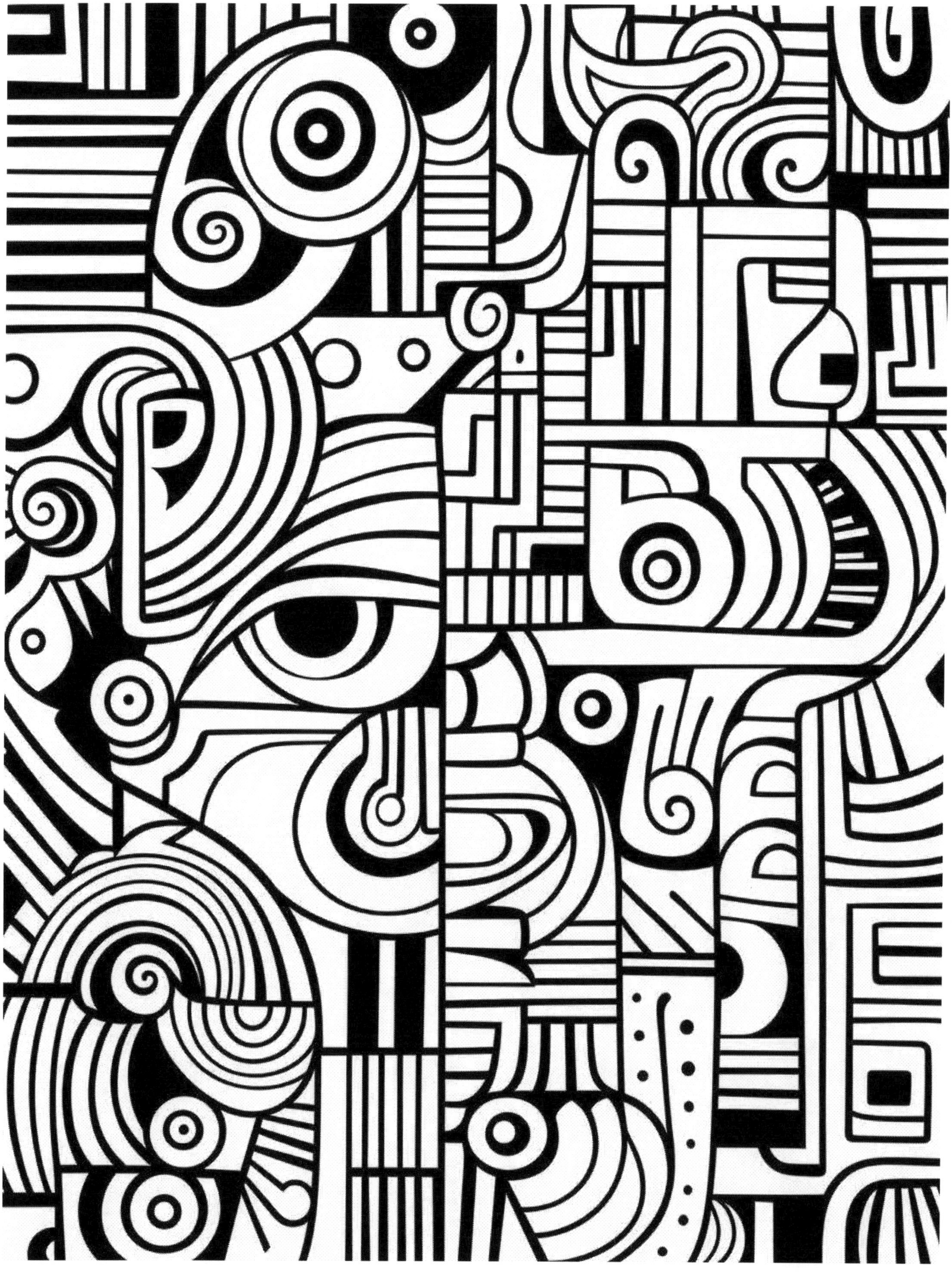

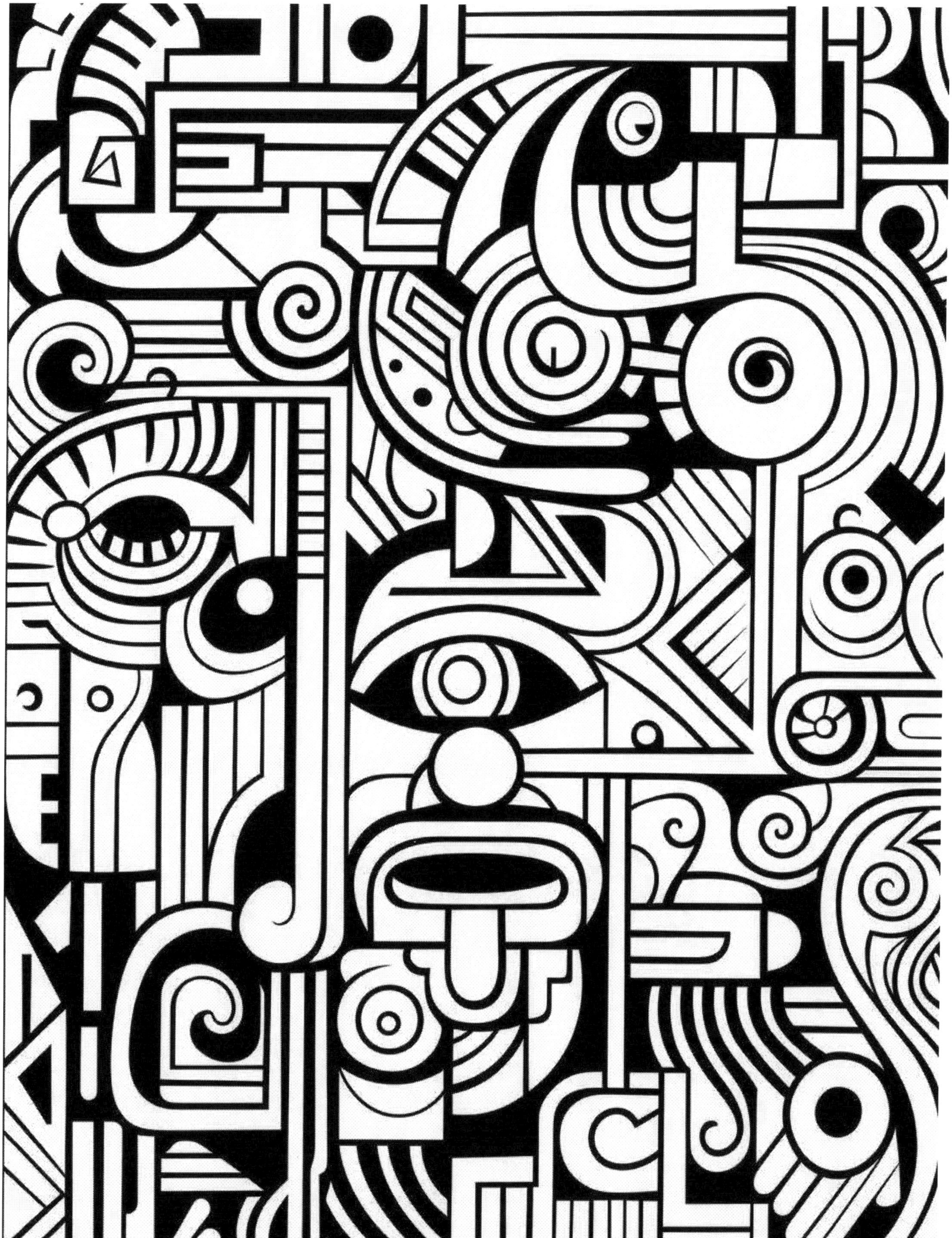

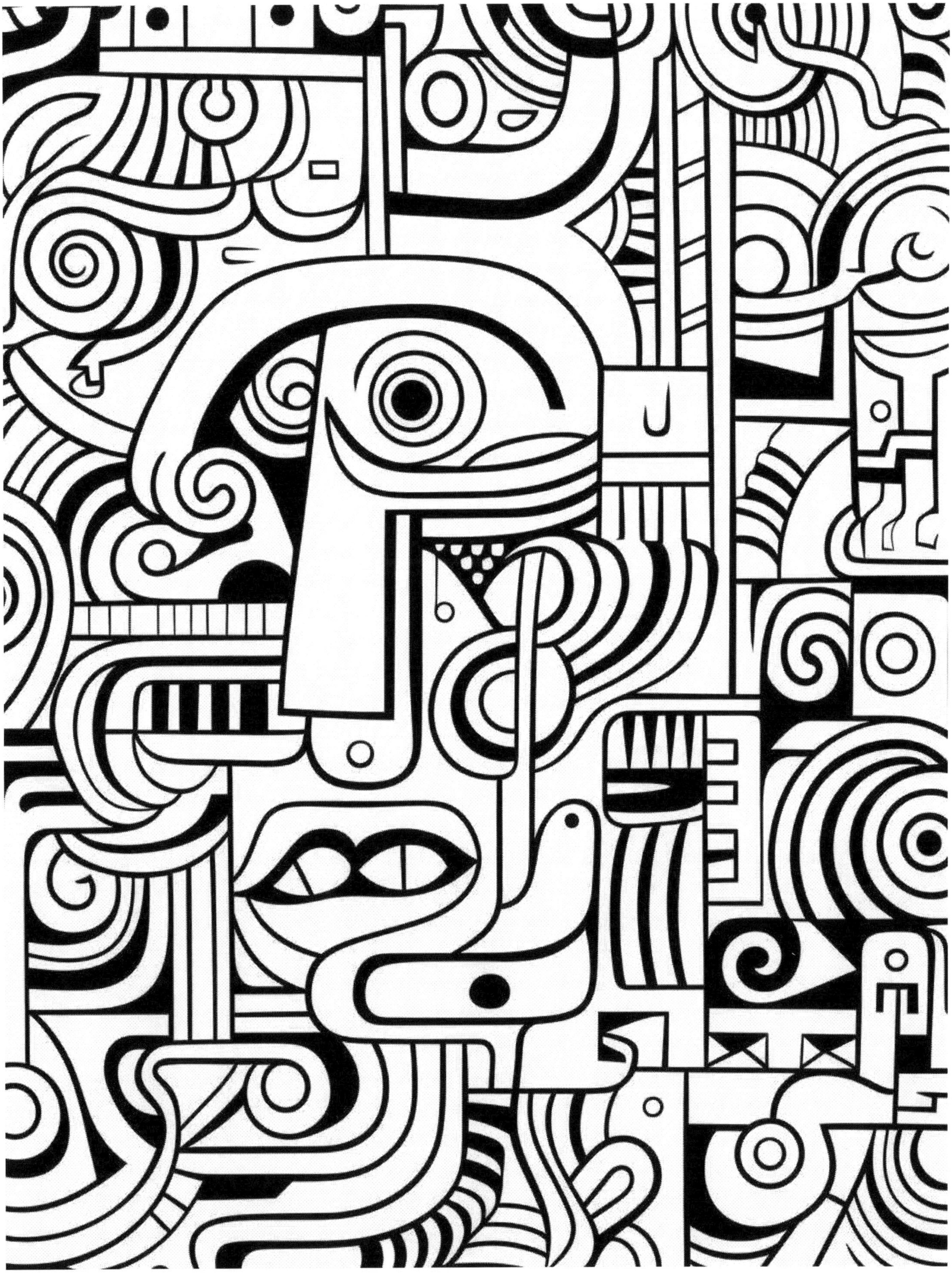

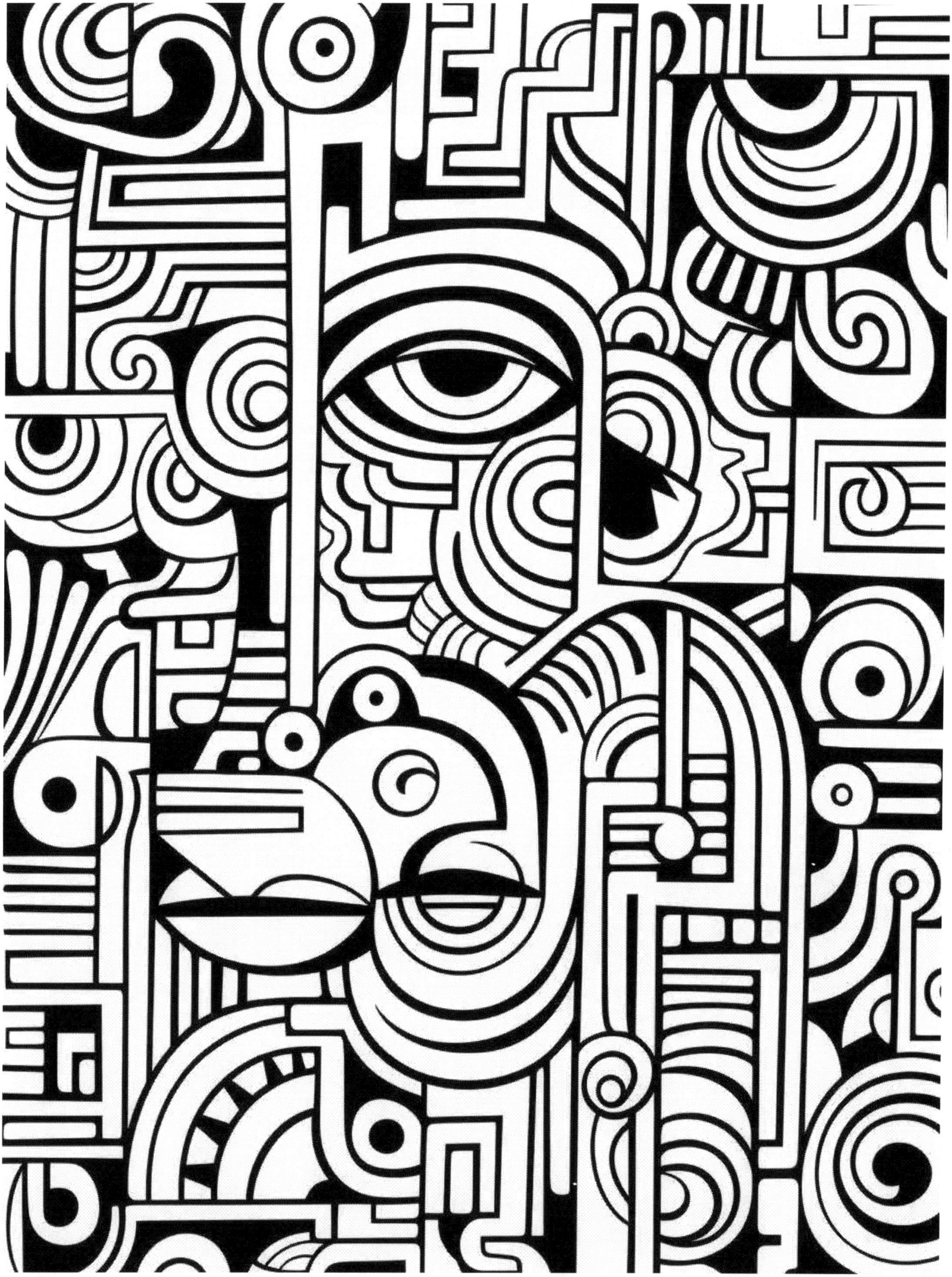

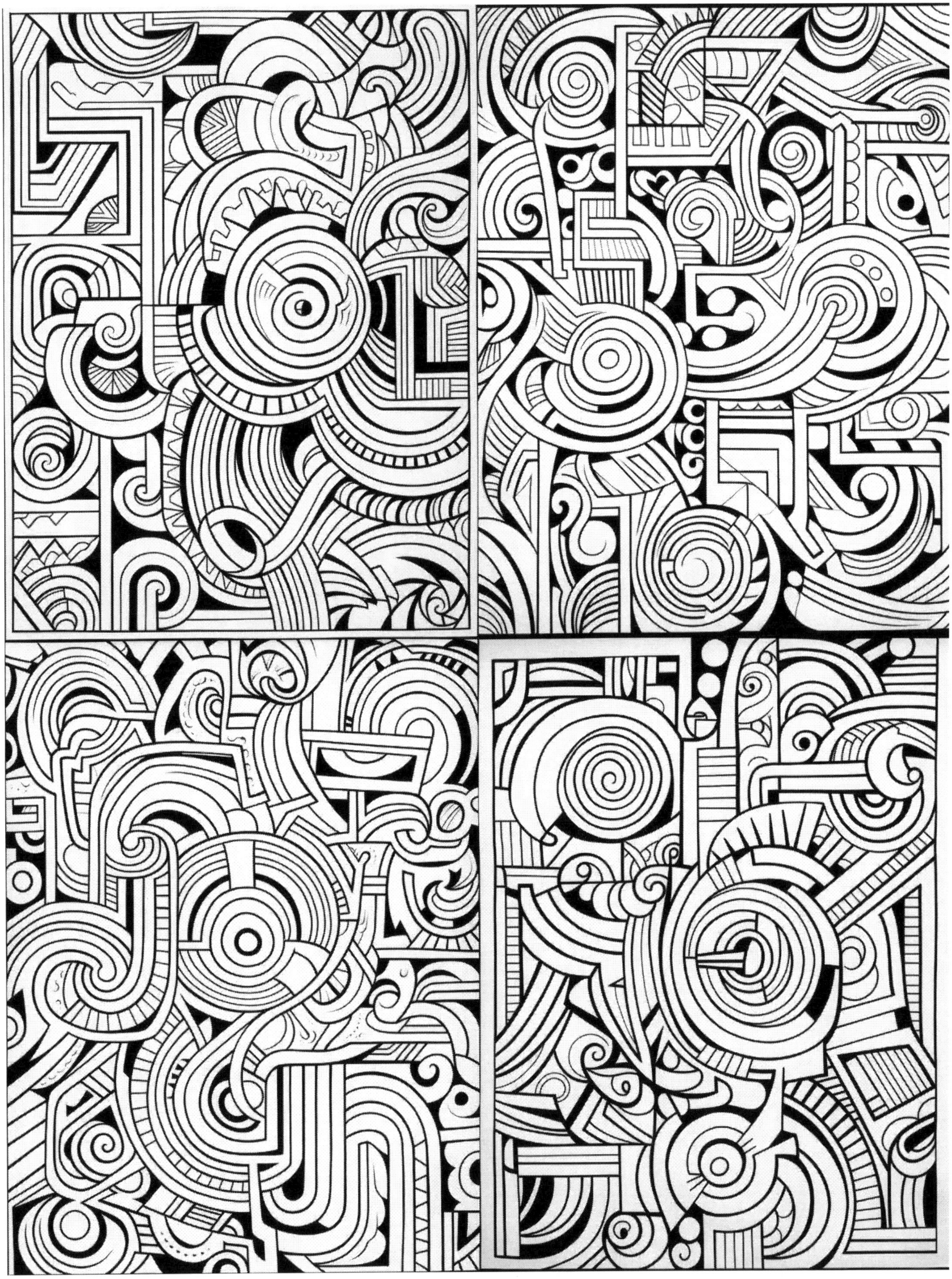

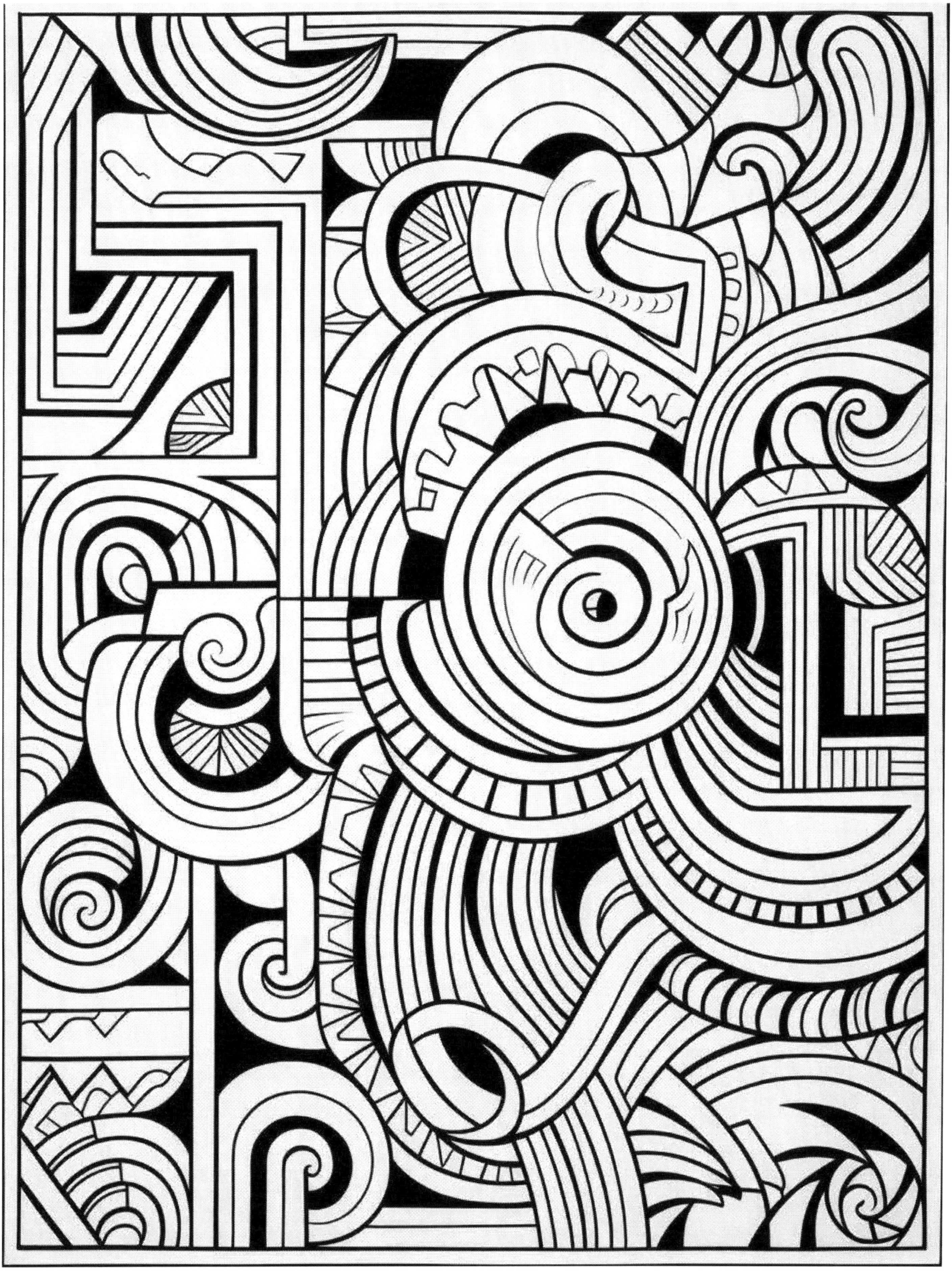

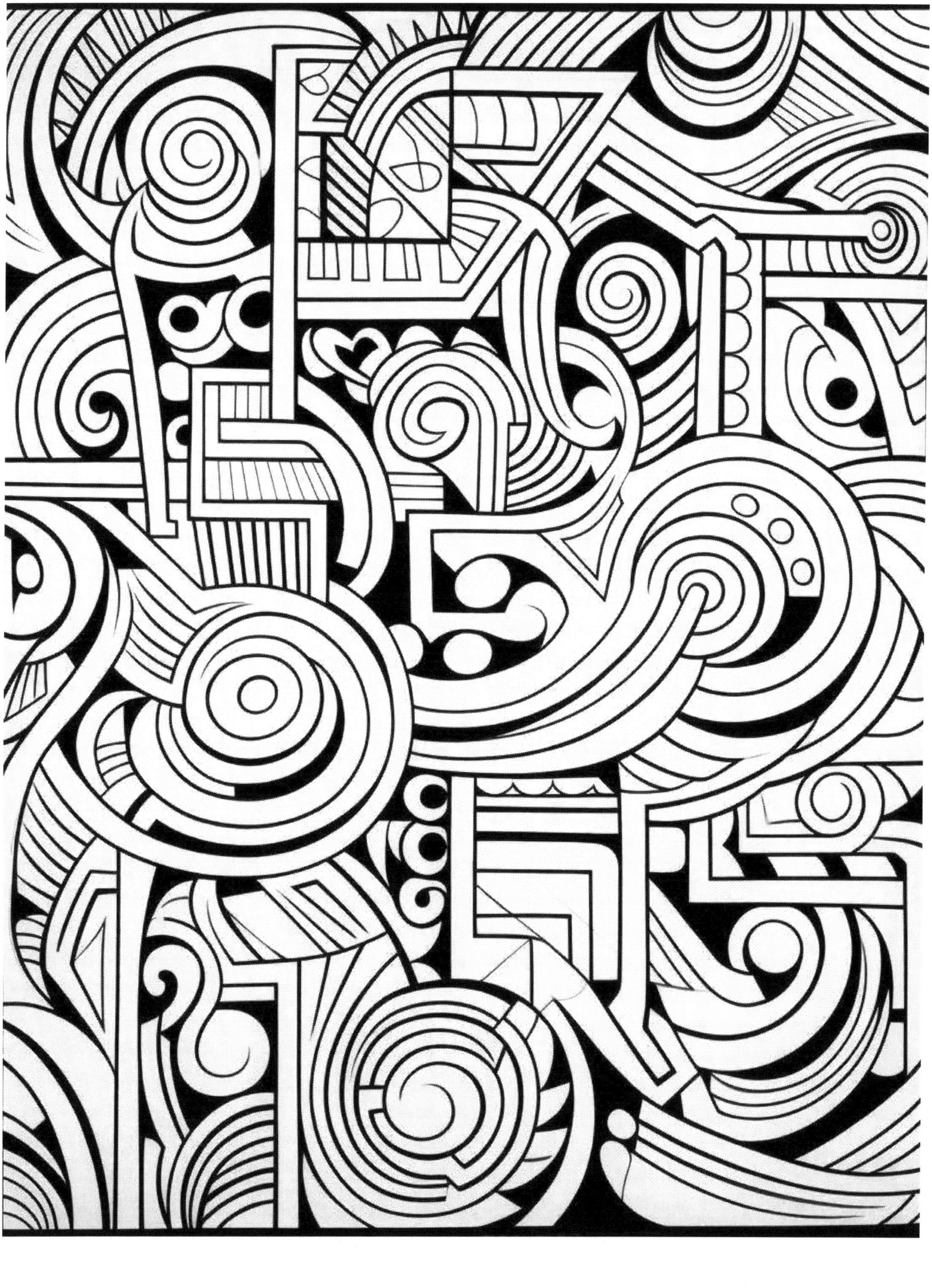

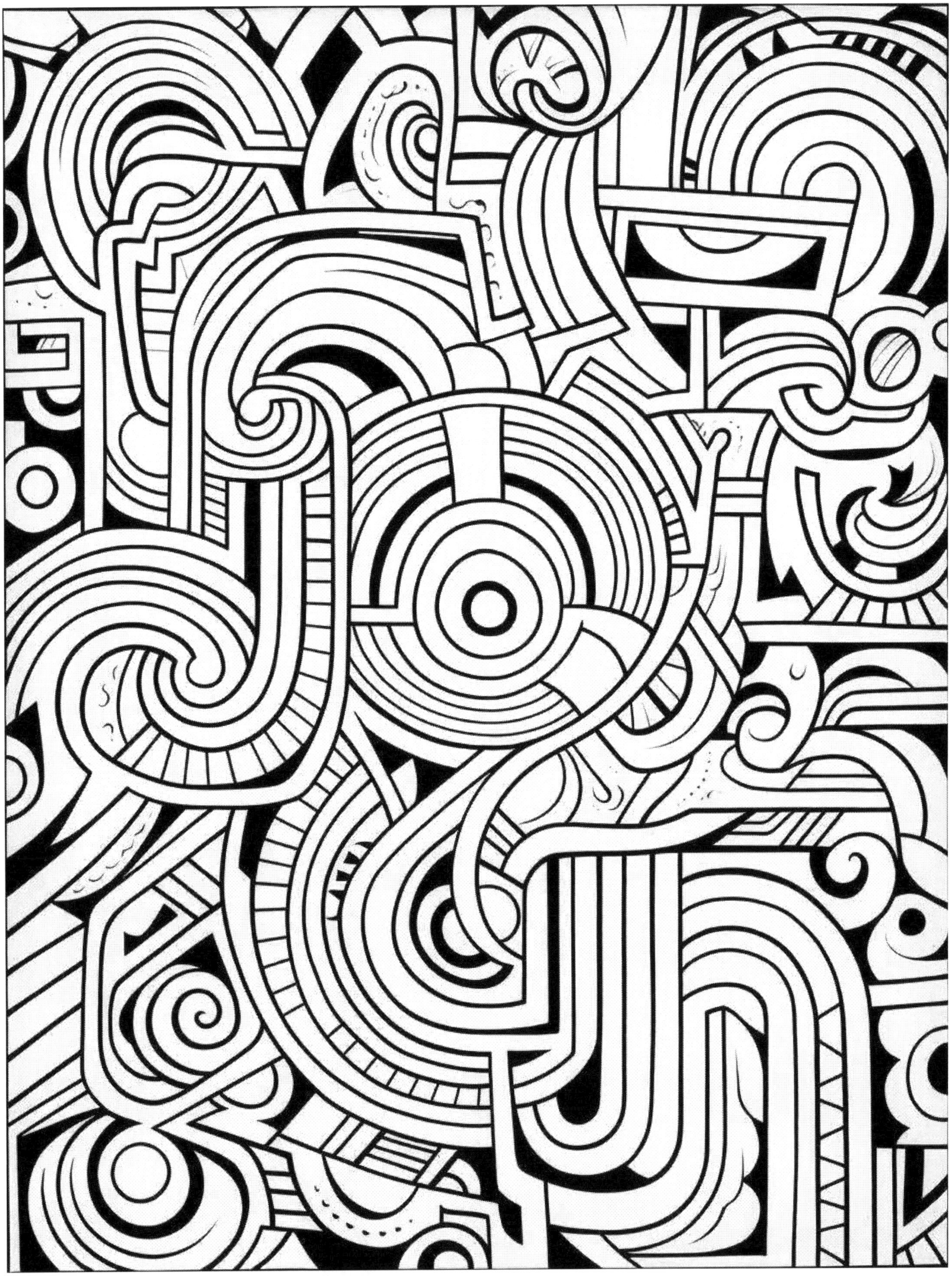

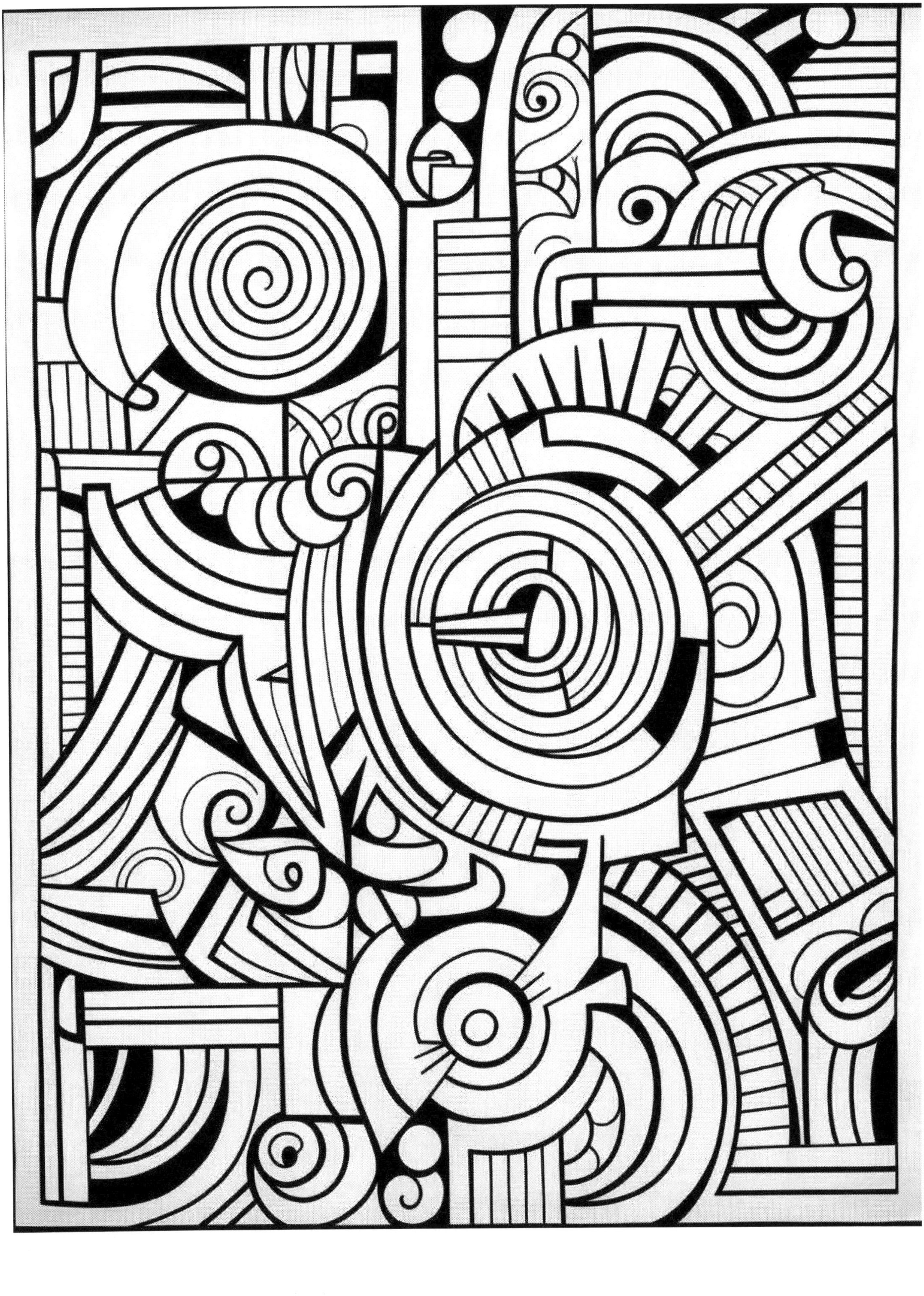

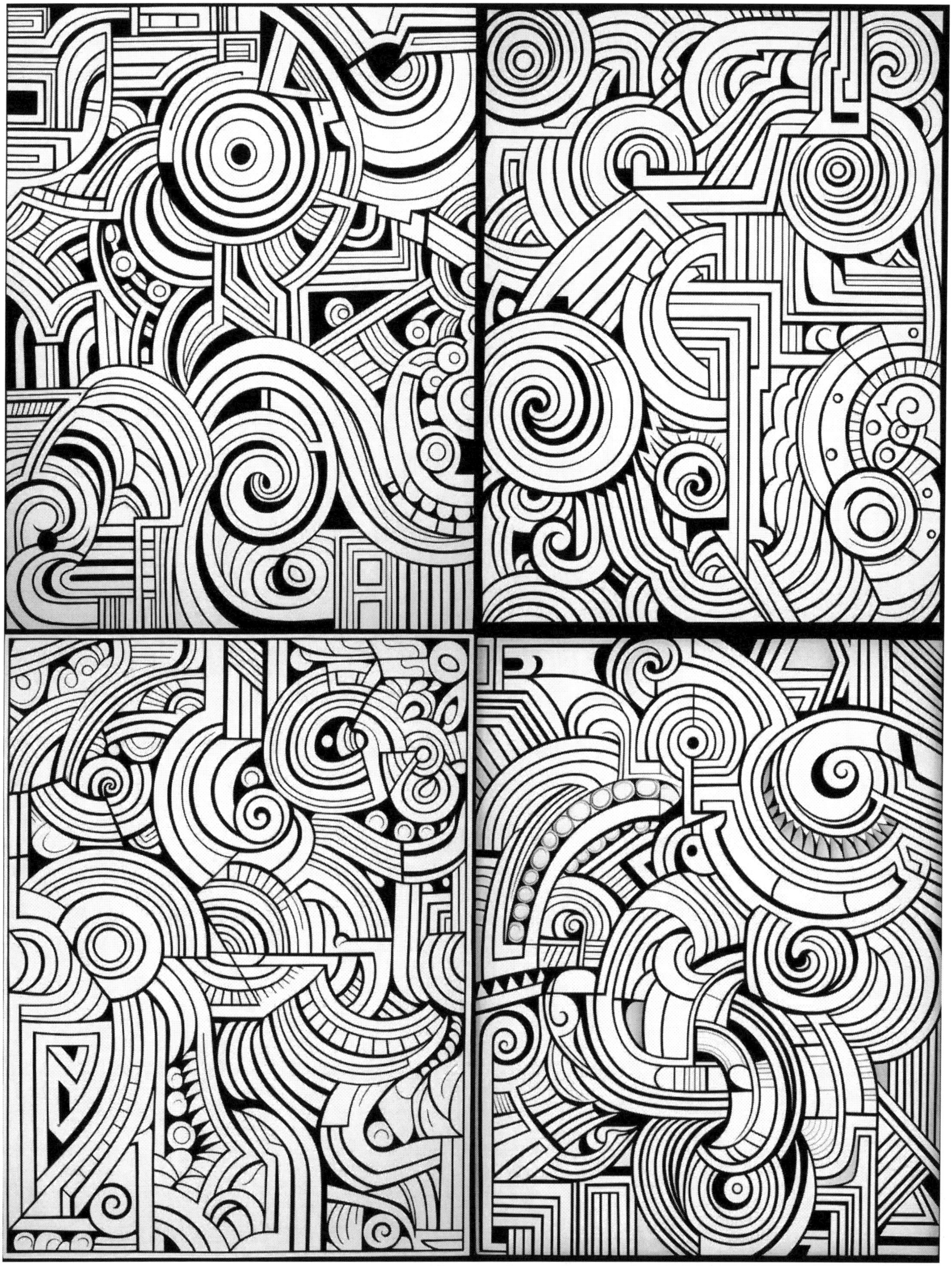

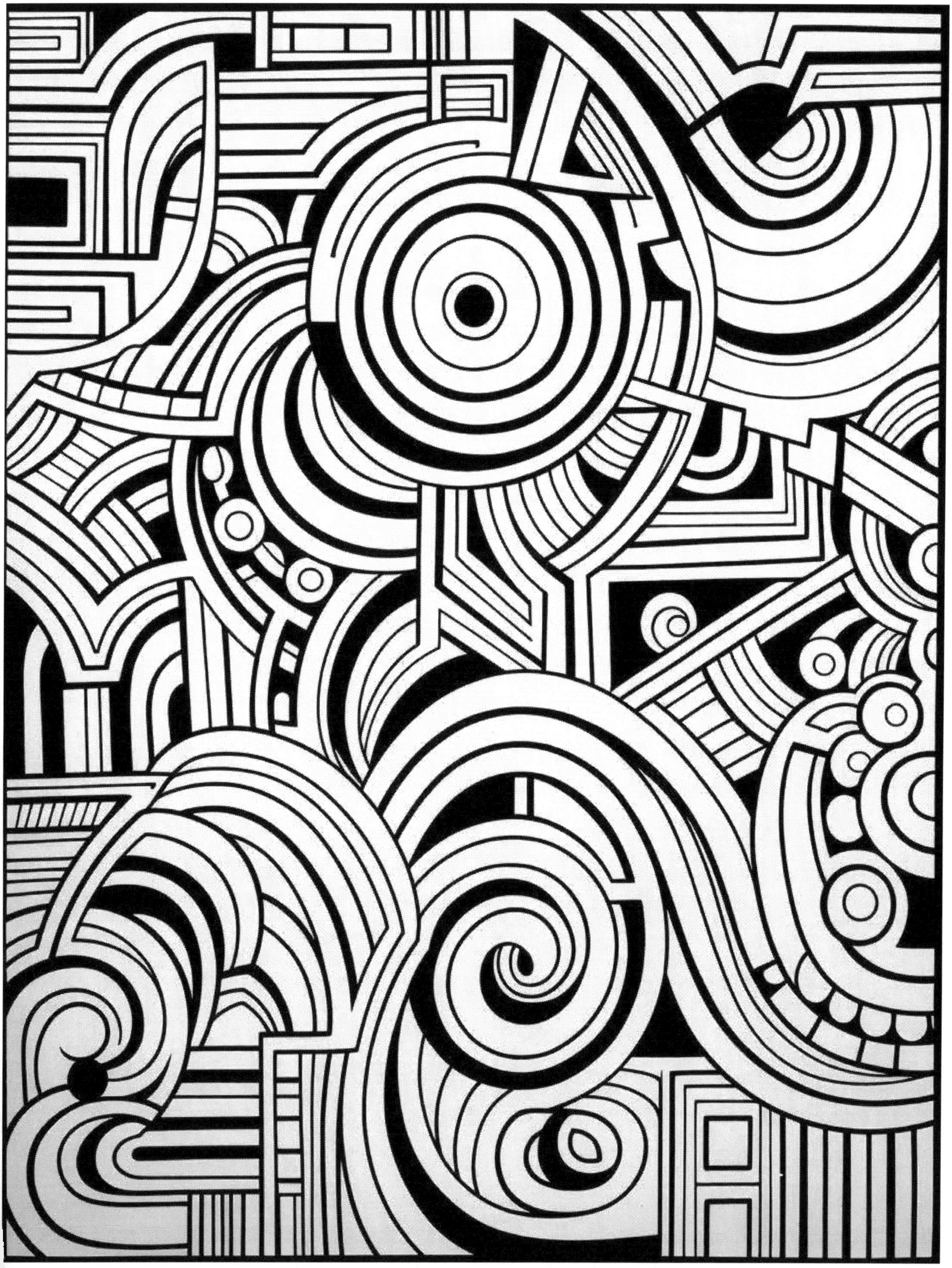

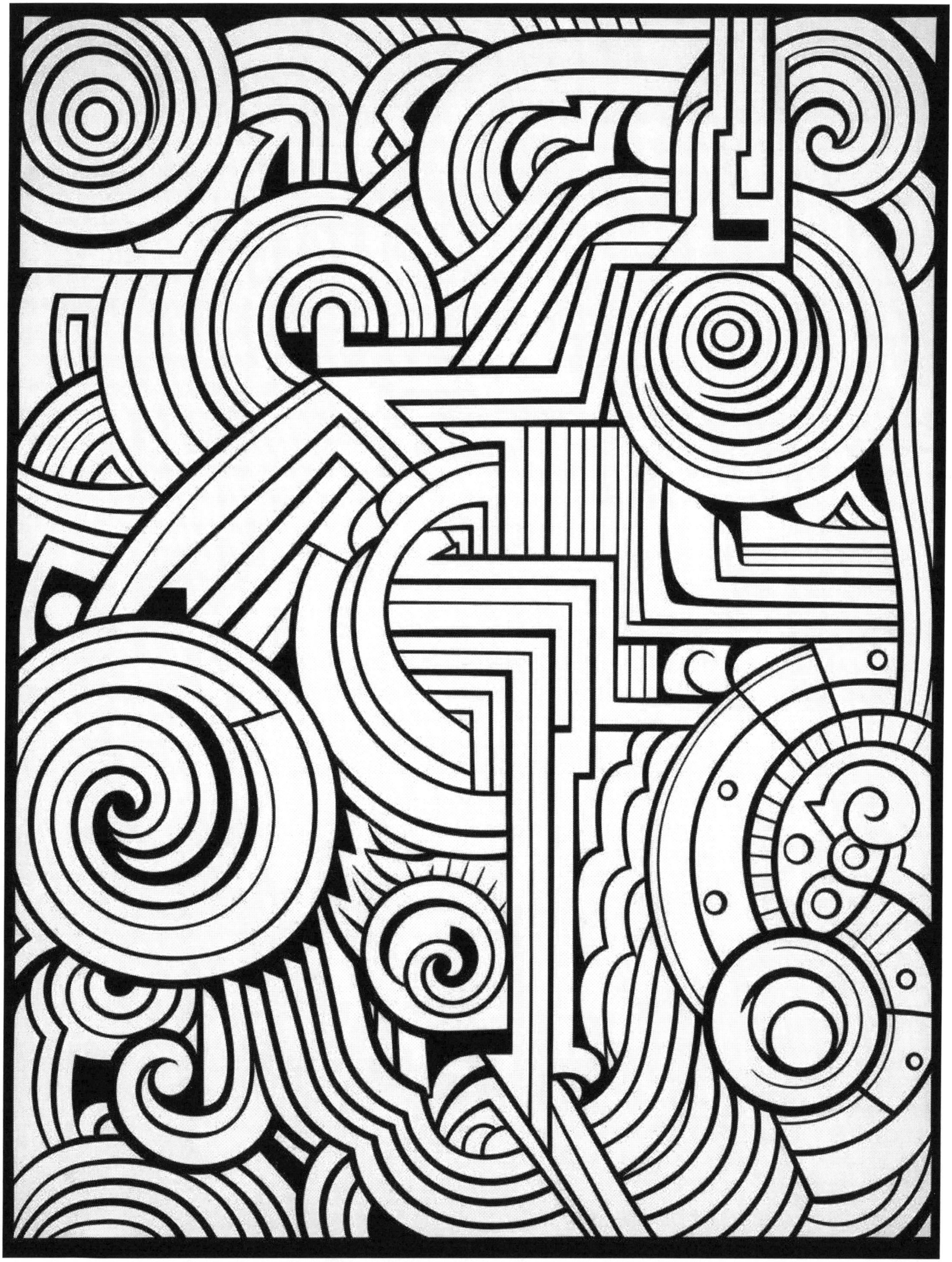

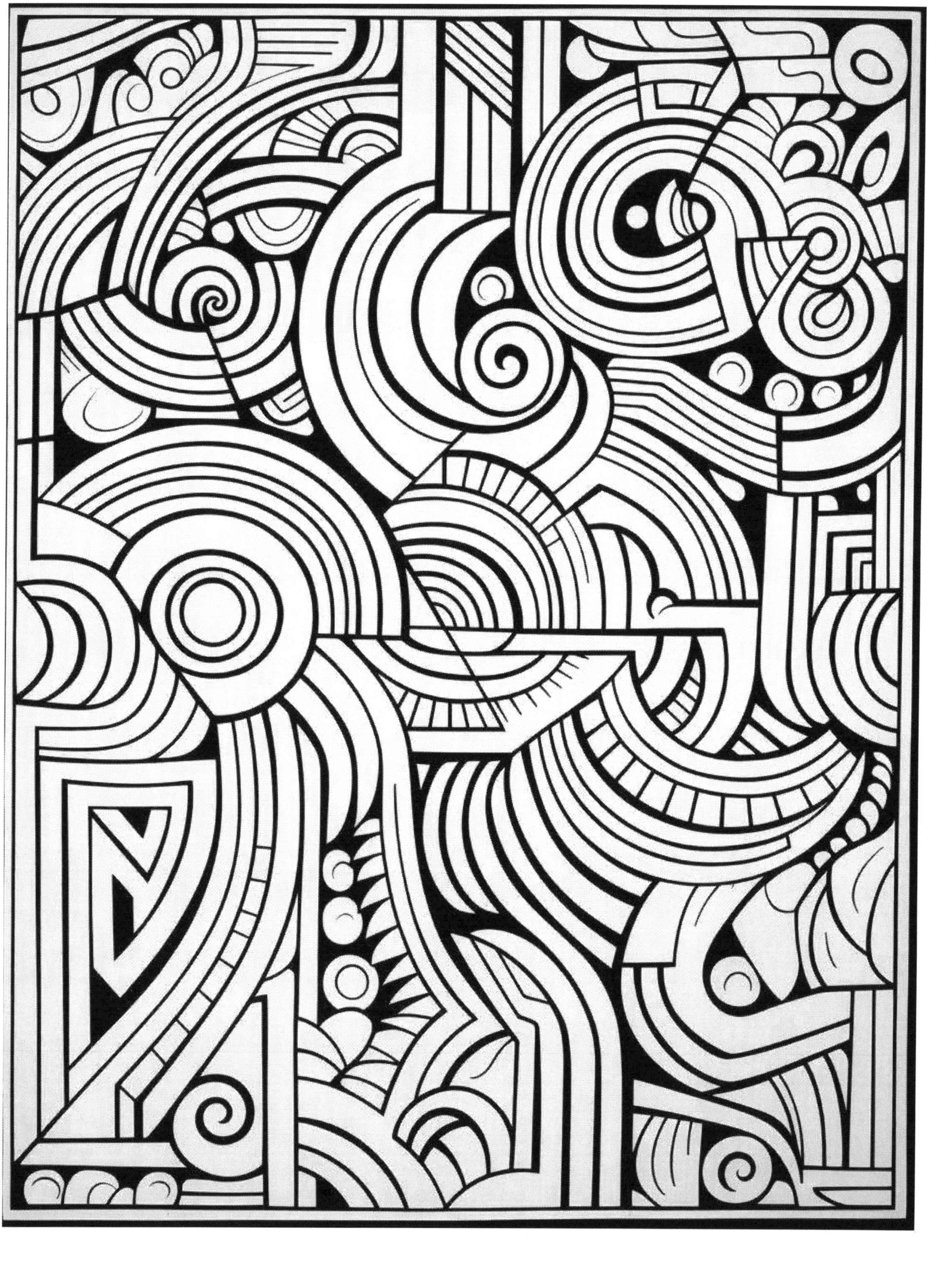